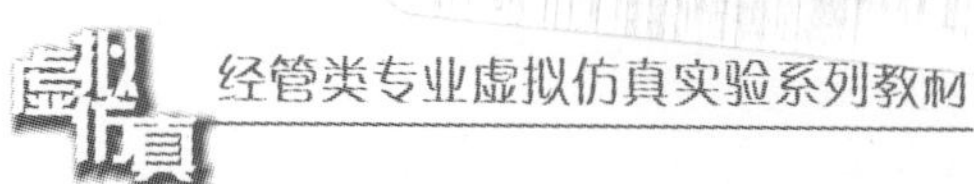

物流企业经营决策仿真实训教程

WULIU QIYE JINGYING JUECE FANGZHEN SHIXUN JIAOCHENG

姜林 主编　　石全胜 张念 副主编

Southwestern University of Finance & Economics Press
西南财经大学出版社
中国·成都

经管类专业虚拟仿真实验系列教材
编　委　会

总序

实践教学是高校实现人才培养目标的重要环节，对形成学生的专业素养，养成学生的创新习惯，提高学生的综合素质具有不可替代的重要作用。加强和改进实践教学环节是促进高等教育方式改革的内在要求，是培养适应社会经济发展需要的创新创业人才的重要举措，是提高本科教育教学质量的突破口。

信息通信技术（ICT）的融合和发展推动了知识社会以科学2.0、技术2.0和管理2.0三者相互作用为创新引擎的创新新业态（创新2.0）。创新2.0以个性创新、开放创新、大众创新、协同创新为特征，不断深刻地影响和改变着社会形态以及人们的生活方式、学习模式、工作方法和组织形式。随着国家创新驱动发展战略的深入实施，高等学校的人才培养模式必须与之相适应，应主动将“创新创业教育”融入人才培养的全过程，应主动面向“互联网+”不断丰富专业建设内涵、优化专业培养方案。

“双创教育”为经济管理类专业建设带来了新的机遇与挑战。经济管理类专业建设一方面应使本专业培养的人才掌握系统的专门知识，具有良好的创新创业素质，具备较强的实际应用能力；另一方面，经济管理类专业建设还应主动服务于以“创新创业教育”为主要内容的相关专业的建设和发展。在进行包括师资建设、课程建设、资源建设、实验条件建设等内容的教学体系建设中，教学内容、资源、方式、手段的信息化提供了有力的支撑。《国家中长期教育改革和发展规划纲要（2010—2020年）》中提出：信息技术对教育发展具有革命性的影响，必须予以高度重视。教育部的《教育信息化十年发展规划（2011—2020）》中提出：推动信息技术和高等教育深度融合，建设优质数字化资源和共享环境，在2011—2020年建设1 500套虚拟仿真实训实验系统。经济管理类专业的应用性和实践性很强，其实践教学具有系统性、综合性、开放性、情景性、体验性、自主性、创新性等特征，实践教学平台、资源、方式的信息化和虚拟化有利于促进实践教学模式改革，有利于提升实践教学在专业教育中的效能。但是，我国经济管理类专业实践教学体系的信息化和虚拟化起步较晚，全国高校已建的300个国家级虚拟仿真实验教学中心主要集中在理工医类专业。为了实现传统的验证式、演示式实践教学向体验式、互动式的实践教学转变，将虚拟仿真技术运用于经济管理类专业的实践教学显得十分必要。

重庆邮电大学经济管理类专业实验中心在长期的实践教学过程中，依托学校的信息通信技术学科优势，不断提高信息化水平，积极推进经济管理类专业实践教学的建设与改革，形成了“两维度、三层次”的实践教学体系。在通识经济管理类人才培养的基础上，将信息技术与经济管理知识两个维度有效融合，按照管理基础能力、行业应用能力、综合创新能力三个层次，主要面向信息通信行业，培养具有较强信息技术能力的经济管理类高级人才。该中心 2011 年被评为“重庆市高等学校实验教学示范中心”，2012 年建成了重庆市高校第一个云教学实验平台——“商务智能与信息服务实验室”。2013 年以来，该中心积极配合学校按照教育部及重庆市建设国家级虚拟仿真实验教学中心的相关规划，加强虚拟仿真环境建设，自主开发了“电信运营商组织营销决策系统”“电信 boss 经营分析系统”“企业信息分析与业务外包系统”三套大型虚拟仿真系统，同时购置了“企业经营管理综合仿真系统”“商务智能系统”以及财会、金融、物流、人力资源、网络营销等专业的模拟仿真教学软件，搭建了功能完善的经济管理类专业虚拟化实践教学平台。

为了更好地发挥我校已建成的经济管理类专业虚拟实践教学平台在“创新创业教育”改革中的作用，在实践教学环节让学生在全仿真的企业环境中感受企业的生产运营过程，缩小课堂教学与实际应用的差距，需要一套系统规范的实验教材与之配套。因此，我们组织长期工作在教学一线、具有丰富实践教学经验和企业工作经历的教学和管理团队精心编写了系列化实验教材，并在此基础上进一步开发虚拟化仿真实践教学资源，以期形成完整的基于教育教学信息化的经济管理类专业的实践教学体系，使该体系在全面提升经济管理类专业学生的信息处理能力、决策支持能力和协同创新能力方面发挥更大的作用，同时更好地支持学校正在实施的“以知识、能力、素质三位一体为人才培养目标，以创新创业教育改革为抓手，以全面教育教学信息化为支撑”的本科教学模式改革。各位参编人员广泛调研、认真研讨、严谨治学、勤勤恳恳，为该系列实验教材的出版付出了辛勤的劳动，西南财经大学出版社为本系列实验教材的出版给予了鼎力支持。本系列实验教材的编写和出版获得了重庆市高校教学改革重点项目“面向信息行业的创新创业模拟实验区建设研究与实践（编号 132004）”的资助。在此一并致谢！

由于本系列实验教材的编写和出版是对虚拟化经济管理类专业实践教学模式的探索，经济管理类专业的实践教学内涵本身也还在不断地丰富和发展，加之出版时间仓促，编写团队的认知和水平有限，本系列实验教材难免存在一些不足，恳请同行和读者批评指正！

林金朝

2017 年 2 月

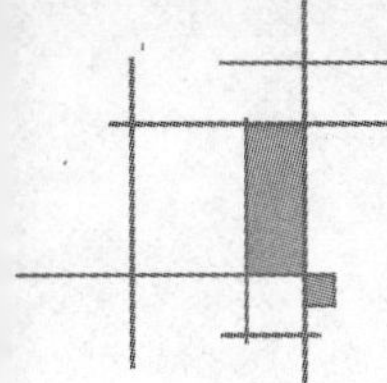

前言

随着市场环境的变化，越来越多的企业从自营物流转向物流外包，将自身不擅长的物流活动外包给第三方以获取竞争优势。据调查，在欧洲、美国及亚太地区有70%的公司具有物流外包的经历。在我国，物流外包业务也在快速增长，具有广阔的市场前景，同时也催生了一大批物流企业，如中国远洋物流有限公司、中铁快运股份有限公司、德邦物流股份有限公司、青岛海尔物流有限公司等。据第六次中国物流市场供需状况调查报告显示，在所调查的企业中有19%的生产制造企业将原材料物流全部外包给第三方，31%的生产制造企业将成品销售物流全部外包给第三方，17%的商贸企业将物流全部外包给第三方，并且有74%左右的生产制造企业与46%的商贸企业都在寻求新的物流代理商。调查结果表明大部分企业希望物流外包，可见国内物流需求市场潜力较大，第三方物流业有较大的发展空间。

20世纪90年代物流工业（Logistics Industry）所取得的杰出成就之一是第三方物流服务供应商的广泛兴起，将公司核心业务以外的作业外包（Outsourcing），这通常被认为是现代高效率供应链管理出现的标志。目前，第三方物流（3PL）占总物流市场份额的比例在世界各地有所不同：在英国，这一比例高达35%；在欧盟，约占25%；而在美国，这一比例要低于10%。值得注意的是，目前我国3PL所占的市场份额还较低，大多数企业倾向于自营物流作业，由此导致供应链效率低下，企业缺乏足够的市场反应能力。在世界经济全球化和信息化的今天，特别是我国加入世贸组织后，有更多的国外企业进入中国市场，同时，越来越多的国际3PL也进入中国物流服务市场。我国企业要与之抗衡，一方面要积极发展我国的3PL，另一方面也要积极利用国际3PL来整合自己的供应链，提高自己商品对国内外市场的渗透能力。

本实训教材在内容安排上主要以物流企业经营决策仿真为逻辑主线，包括六个仿真实验：牛鞭效应实验、安全库存实验、拣选方式对比实验、物流服务水平与成本的效应背反实验、扭亏为盈实验、物流综合竞争实验。本教材适用于物流管理专业本科学生毕业前的校内专业实训，也适用于电子商务、市场营销、工商管理、经济类专业本科生的专业实训，还可供专科和高职学生及相关企业作为掌握实践技能的培训教材。

本教材由重庆邮电大学姜林担任主编，石全胜、张念担任副主编。在编写过程中我们参阅了大量相关书籍和资料，在此特向原著者表示衷心的感谢！

由于编者水平有限，对物流这一领域所涉及的知识和内容的研究还不够深入，所以书中难免有不当或错误之处，恳请读者、专家批评指正。

编　者

2017 年 2 月

目 录

1 实训背景知识

学习目的和任务

1. 掌握物流的基本概念和主要特征。
2. 了解国内外物流的发展历程。
3. 熟悉有关物流的各种学说。
4. 掌握物流系统的组成与功能。

本章主要介绍物流企业经营决策仿真实训的背景知识，讲述实训所需的基础知识。

1.1 物流概念

1.1.1 物流的内涵

第二次世界大战以来，物流的概念已在经济发达国家得到充分的发展和完善。1915 年，美国市场营销学者阿奇·萧（Arch W. Shaw）在《市场流通中的若干问题》中，从市场营销的角度提出“Physical Distribution”，简称“PD”，直译为“物资分配”。第二次世界大战期间，在战时供应中美国提出“Logistics Management”，进行军事物资供应调度中的物流供应和配送。战后，物流在企业界得到应用和发展，用“物资管理”（Materials Management）、“配送工程”（Disribution Engineering）、“企业后勤”（Business Logistics）、“市场供应”（Market Supply）、“物流管理”（Logistics Management）等词来表述物流的内容，现在多以“Logistics”表示。而物流在我国得到重视和取得较大发展是近三十年的事。

物流概念的发展经过了一个漫长而曲折的过程。回顾物流的发展历程并理解历史上经典的物流概念，有利于人们了解物流的发展规律，全面深入地理解物流的内涵。美国市场营销协会 1935 年关于物流的定义是：物流是包含于销售之中的物质资料和服务从生产场所到消费场所的流动过程中所伴随的种种经济活动。美国物流管理协会 1998 年关于物流的定义是：物流是供应链流程的一部分，是为了满足客户需求而对商品、服务及相关信息从原产地到消费地的高效率、高效益的正向和反向流动及储存进行的计划、实施与控制过程。加拿大物流与供应链管理协会对物流的定义是：物流是对原材料、在制品、产成品及相关信息从起运地到消费地的有效率、有效益的流动和存储进行计划、执行和控制，以满足顾客需求的过程。欧盟物流协会对物流的定义是：物流是在一个系统内对人员和商品的运输、安排及与此相关的支持活动的计划、执行和控制，以达到特定的目的。日本后勤系统协会将物流改称为“后勤”，对“后勤”下定义如下：后勤是一种对原材料、半成品和成品有效率的流动进行规划、实施和管理的思路，它同时协调供应、生产和销售各部门的利益，最终达到满足顾客需求的目的。我国国家标准《物流术语》对物流的定义是：物流指物品从供应地向接收地的实体流动过程。根据实际需要，将运输、储存、装卸、搬运、包装、流通加工、配送、回收、信息处理等基本功能进行有机结合。

1.1.2 国内外物流的发展

物流的概念起源于美国。美国物流在世界上处于领先地位，其物流研究和物流实践最先进，也最完善。早在第二次世界大战期间，美国军队为了卓有成效地调运军用物资，运用运筹学的理论方法，统筹安排人力和运力，解决了一系列物流供应中出现的矛盾和问题，圆满完成了物资的调运和支援任务，这被概括为“后勤供应”。战后，这种组织管理手段被应用于企业的生产管理，开拓了企业生产的崭新局面，取得了很好的经济效益。这实际上是美国物流业的初创阶段，也是世界范围内最初萌生的“物流”现象。

1.1.2.1 美国物流的发展

纵观美国物流发展历史，大致可以分为四个阶段：

（1）物流观念的启蒙与产生阶段（1901—1949 年）

在这一时期物流已开始得到人们的重视，但是在地位上，物流仍被看做流通的附属机能，关于“实物分配”这一概念也是在研究流通问题时提出的。1915年，阿奇·萧在《市场流通中的若干问题》一书中提出“Physical Distribution”的概念。20 世纪 20 年代，美国著名营销专家克拉克（Fred E. Clark）在研究市场营销问题时再次使用了这个概念，泛指一切与产品销售有关的实物配送活动。美国当时对实体配送（销售物流）的研究较多，而对供应物流的研究相对较少，主要呈现三个特点：①制造业内部的实体配送管理被认为是一个分离的组织功能或领域；②实体配送只是作为运输部门的附加职能；③最初建立实体配送部门的目标也仅仅是降低实体配送成本。

（2）物流理论体系的形成与物流实践推广阶段（1950—1978 年）

这一时期有很多有关物流的论文、著作、杂志开始出现，有关物流管理研讨的会议也频繁召开，这些都推动了物流理论体系的形成以及物流实践活动的推广。1954 年在美国第 26 次波士顿流通会议上，鲍尔 · D. 康柏斯发表题为《市场营销的另一半》的演讲时指出，无论是学术界还是实业界都应该提高认识，研究市场营销中的物流，真正从战略的高度来管理和发展物流。1956 年，霍华德 · T. 莱维斯、吉姆斯 · W. 克里顿和杰克 · D. 斯蒂勒三人撰写的《航空货运在物流中的作用》一书首次引入总成本的分析概念，提出应当从物流费用总体的角度评价运输手段的优劣，深化了物流活动分析的内容。1962 年彼德 · 德鲁克在《财富》杂志上发表论文，指出物流是"经济的黑大陆"，应当高度重视流通以及流通过程中的物流管理。1963 年，世界上第一个物流专业组织——美国物流管理协会（National Council of Physical Distribution Management，简称 NCPDM）成立，旨在通过年会、地区会议、学术会议和出版物，为跨行业的企业提供交流和培训渠道。

（3）物流理论的成熟与现代化阶段（1979—1985 年）

这一时期，美国政府制定了一系列物流方面的法规，如《航空规制缓和法》，为物流发展提供了广阔的空间。另外，随着 MRP、MRPⅡ、DRP 和 JIT 等先进管理方法的开发及其在物流管理中的运用，人们认识到需要从生产流通的全过程看待物流，而计算机技术的飞速发展为物流现代化提供了物质基础和手段。特别是 1985 年美国物流管理协会正式将其名称从"National Council of Physical Distribution Management"改为"National Council of Logistics Management"，标志着现代物流观念的确立。该协会于 2005 年 1 月 1 日正式更名为美国供应链管理专业协会（Council of Supply Chain Management Professionals）。

（4）物流理论和物流实践深化发展阶段（1986 年至今）

这一时期，人们清楚地认识到物流与生产、营销紧密相连，是支撑企业竞争力的三大支柱之一。实践上，物流技术和物流软件的发展不断加快，如 EDI 和专家系统的运用提高了信息传递的效率和准确性，带来了交易方式的变革，奠定了物流纵深发展的技术基础；POS 系统、条码技术在物流领域的广泛使用，保证了物流信息采集的标准化和准确性，提高了物流的管理水平和整体效率。《美国运输部 1997—2002 年财政年度战略规划》的出台，为美国物流的现代化树立了一座新的里程碑。在 1997—2002 年这 5 年，面对全球化的市场、环境的挑战、跨越国界的安全威胁和通信与信息革命等环境要素的变化，通过规划的实施，美国已建成了一个全世界最安全、方便、经济和有效的运输系统，为美国人民提供了更多灵活选择的机会。

1.1.2.2 日本物流的发展

日本物流发展的历史虽然不长，但其发展速度、规模、效率及整体现代化程度令人赞叹，并形成了自身独特的管理经验和方法。日本物流的发展可分为四个阶段：

（1）物流概念的引进阶段（1956—1964 年）

1956 年 10 月至 11 月，为改善生产经营管理，日本生产效益本部派出一个由 12 名专家组成的“流通技术专门考察团”赴美考察，引入了“PD”这一概念，即“Physical Distribution”。1963 年，被称为物流之父的著名学者平原直先生将其译为“物的流通”，简称“物流”，并被业界普遍接受。同时，日本学者又创造性地提出物流包含了运输、配送、装卸、保管、包装、流通加工和信息传递等活动，是一种综合活动。

（2）物流实践阶段（1965—1973 年）

这一时期，日本经济进入高速增长时期，制定了国民收入倍增计划，重视工业发展，对物流提出了较高要求。同时，引入“物流”概念，大力加强物流设施建设，修建铁路新干线、高速公路和集装箱码头，实现汽车大型化、火车高速化、仓库自动化以及物流系统化，降低了物流成本。企业内部也广泛采用如铲车、自动仓库等机械化装卸设备和仓储设备，提高了物流作业效率。同时，物流联网系统、配送系统等物流软件的开发与推广使用，又为物流管理的信息化和现代化奠定了基础。

（3）物流合理化阶段（1974—1985 年）

在这一阶段，遭遇第一次石油危机，使包括日本在内的西方国家的企业的传统盈利方式面临挑战，人们开始关注物流对企业盈利的贡献，这集中反映在“物流利润学说”上。在此宏观经济背景下，日本积极推进物流合理化，旨在促进订货、发货等业务实现快速化，削减物流人员，降低劳动成本。日本全国范围内的物流联网得到蓬勃发展，物流公司开发出了一些新的物流服务项目，如市内送货、路线配送、集中配送等。

（4）物流纵深发展阶段（1985 年至今）

进入 20 世纪 80 年代中期以后，多品种、少批量成为日本生产经营的主流，减少库存成本的观念越来越强，物流也相应地从集货物流向多频率、少量化的方向发展，外贸的快速增长也使物流开始面向全球。这一时期，日本积极倡导 JIT 物流，使物流服务呈现多样化，但也带来了物流成本的上升。因此，20 世纪 90 年代日本物流面临的一个最大问题是：如何克服物流成本的上升，提高物流效率。1997 年日本政府制定了《综合物流施政大纲》，这个大纲是日本物流现代化、纵深化发展的指针，对推动日本物流的发展产生了积极作用。大纲指出今后日本物流进一步发展的方向是：信息化的推进、物流技术的开发、物流人才的培育、新物流服务的开展、国际化的对应、包装机械化、在库管理数码化的推进、整体系统化的加强、规范化与标准化的推进、共同化与协作化的推进。

1.1.2.3　我国物流的发展

我国物流事业起步较晚，物流的发展大体分为四个阶段：

（1）物流事业起步阶段（1949—1976 年）

在这个时间段内，所有行业几乎都处于探索阶段，物流也不例外。新中国成立初期，国民经济处于逐步恢复的时期，生产力水平低下，经济发展缓慢，交通运输极不发达。当时的物流企业主要是“商物合一型”的兼营性企业，专业性物流相当少。从1955 年开始，物流发展开始起步，在生产和流通领域设立了为数不多的储运公司和功能单一的仓库，交通运输处于恢复时期，包装、装卸等物流环节的技术和管理都比较落后。

（2）物流事业较快发展时期（1978—1991 年）

1979 年 6 月“物流”这一术语开始引入我国，物流在经济和社会发展中的作用逐渐被人们所重视。人们开始重视物流理论的研究和物流实践的探索，物流基础设施有了很大的发展，物流技术水平也有了很大提高。1991 年以后，物流理论研究和实践都有了跨越式发展。国家为物流事业制定了一系列政策、措施，物流已成为国民经济的重要组成部分。物流也被许多企业所重视，成为企业经营战略的一个重要组成部分。物流科学研究和人才培养也都有了很大的进步，物流效益明显提高。

（3）物流事业转型阶段（1992—1999 年）

在这一阶段，物流业面临机遇与挑战。一方面，一些老的储运企业正在进行改革、改造和重组等，以适应电子商务的发展和经济一体化的需求；另一方面，部分地区建立了一批现代物流企业以迎接国外物流企业的挑战，但是数量较少。

（4）物流事业加速发展阶段（2000 年至今）

“十一五”特别是国务院印发《物流业调整和振兴规划》以来，我国物流业保持较快增长，服务能力显著提升，基础设施条件和政策环境明显改善，现代产业体系初步形成，物流企业资产重组和资源整合步伐进一步加快，形成了一批所有制多元化、服务网络化和管理现代化的物流企业。传统运输业、仓储业加速向现代物流业转型，制造业物流、商贸物流、电子商务物流和国际物流等领域专业化、社会化服务能力显著增强，服务水平不断提升。物流业已成为国民经济的重要组成部分，并取得了长足发展。

①技术装备条件明显改善。随着信息技术的广泛应用，大多数物流企业建立了管理信息系统，物流信息平台建设快速推进。物联网、云计算等现代信息技术开始应用，装卸搬运、分拣包装、加工配送等专用物流装备和智能标签、跟踪追溯、路径优化等技术迅速推广。

②基础设施网络日趋完善。截至 2013 年年底，全国铁路营业里程 10.3 万千米，其中高速铁路 1.1 万千米；全国公路总里程达到 435.6 万千米，其中高速公

路 10. 45 万千米；内河航道通航里程 12. 59 万千米，其中三级及以上高等级航道 1. 02 万千米；全国港口拥有万吨级及以上泊位 2 001 个，其中沿海港口 1 607 个、内河港口 394 个；全国民用运输机场 193 个。2012 年全国营业性库房面积约13 亿平方米，各种类型的物流园区 754 个。

③发展环境不断优化。"十二五" 规划纲要明确提出要"大力发展现代物流业"，国务院出台了促进物流业健康发展的政策措施，有关部门和地方政府也出台了一系列专项规划和配套措施。社会物流统计制度日趋完善，标准化工作有序推进，人才培养进一步加强，物流科技、学术理论研究及产学研合作不断深入。

从总体上看，我国物流业已步入转型升级的新阶段。但是，物流业发展总体水平还不高，发展方式比较粗放。主要表现在以下几点：

①物流成本高、效率低。2013 年全社会物流总费用与国内生产总值的比率高达 18%，高于发达国家水平 1 倍左右，也显著高于巴西、印度等发展中国家的水平。

②条块分割严重，阻碍物流业发展的体制机制障碍仍未打破。企业自营物流的比重较高，物流企业规模小，先进技术难以推广，物流标准难以统一，迂回运输、资源浪费的问题突出。

③基础设施建设相对滞后，不能满足现代物流发展的需要。现代化仓储、多式联运转运等设施仍显不足，布局合理、功能完善的物流园区体系尚未建立，高效、顺畅、便捷的综合交通运输网络还不健全，物流基础设施之间不衔接、不配套问题比较突出。

④ 政策法规体系不够完善，市场秩序不够规范。已经出台的一些政策措施有待进一步落实，一些地方针对物流企业的乱收费、乱罚款问题突出。信用体系建设滞后，物流业从业人员整体素质有待进一步提升。

1. 2 物流相关理论学说

1. 2. 1 黑大陆学说

黑大陆学说是 1962 年由美国著名管理学权威彼得·德鲁克提出的。他在《财富》杂志上发表了《经济的黑色大陆》一文，将物流比喻成"一块未开垦的处女地"，强调应高度重视流通及流通过程中的物流管理。"黑大陆" 主要是指对物流的不认识与不了解。如果理论研究和实践探索照亮了这块黑大陆，那么摆在人们面前的可能是一片不毛之地，也可能是藏宝之地。黑大陆学说是对 20 世纪经济学界存在的愚昧认识的一种批驳，指出在市场经济繁荣和发达的情况下，无论是科学技术还是经济发展，都没有止境。黑大陆学说认为物流这个领域未知的东西还很多，理论与实践皆不成熟。

1.2.2 物流冰山学说

物流冰山学说是日本早稻田大学的西泽修教授在1970年提出的。他在潜心研究物流成本时发现，现行的财会制度和会计核算方法都不可能掌握物流费用的实际情况。一般情况下，在企业会计科目中，只把支付给外部运输企业、仓储企业的费用列入成本，实际上这些费用在整个物流费用中只是冰山一角，因为物流基础设施建设费，以及企业利用自己的车辆运输、利用自己的仓库保管货物、由自己的工人进行包装和装卸等费用都没有记入物流费用科目内。西泽修指出盈亏计算表中“销售费用和管理费用”栏记载的“外付运费”和“外付保管费”的现金金额，不过是冰山之一角。冰山的特点是大部分沉在水面以下，是看不到的黑色区域，即隐性成本，而看到的不过是它的一小部分，即显性成本。物流就是一座冰山，沉在水面以下的是看不到的黑色区域，而看到的不过是物流成本的一部分，人们过去之所以轻视物流，正是因为只看见了冰山一角，而没有看见冰山全貌。

1.2.3 第三利润源学说

第三利润源学说最初是由日本早稻田大学教授西泽修提出的。1970年，西泽修教授在其著作《流通费用——不为人知的第三利润源泉》中指出物流可以为企业提供大量直接或间接的利润，是形成企业经营利润的主要活动。此外，对国民经济而言，物流也是国民经济中创利的主要领域。后来第三利润源学说逐步传入其他国家。曾经为人类提供大量利润的领域：一个是资源领域，挖掘对象是生产力中的劳动对象；一个是人力领域，挖掘对象是生产力中的劳动者。在这两个利润源泉越来越小、利润开拓越来越困难的情况下，物流领域的潜力被人们所重视，按时间序列排为“第三利润源”。

1.2.4 效益背反学说

效益背反是物流领域中很普遍的现象，是物流领域中内部矛盾的反映和表现。效益背反指的是物流的若干功能要素之间存在着损益的矛盾，即某一功能要素的优化和利益发生的同时，必然会存在另一个或几个功能要素的利益损失，反之也是如此，呈现出此消彼长、此盈彼亏的现象。例如包装问题，一方面，包装越省，利润越高；另一方面节省了包装又降低了产品的防护效果，引致运输、仓储以及装卸搬运效益的降低。

1.2.5 成本中心说

物流成本中心说是指物流在整个企业战略中，只对企业营销活动的成本产生影响，物流是企业成本的重要的产生点。因此，解决物流的问题，并不主要是搞合理化、现代化，也主要不在于支持保障其他活动，而主要是通过物流管理和物流的一系列活动降低成本。所以，成本中心既是指主要成本的产生点，又是指降低成本的关注点。物流是“降低成本的宝库”等说法正是这种认识的形象表述。

1.2.6 服务中心说

服务中心说代表了美国和欧洲一些国家的学者对物流的认识。这种观点认为，物流活动最大的作用并不在于为企业节约了消耗、降低了成本或增加了利润，而在于提高了企业对用户的服务水平，进而提高了企业的竞争能力。因此，这些学者在描述物流的词汇上选择了“后勤”一词，特别强调其服务保障的职能。通过物流的服务保障，企业以其整体能力来压缩成本、增加利润。

1.3 物流功能

1.3.1 运输功能

运输是物流的核心业务之一，也是物流的一个重要功能。运输过程不改变产品的实物形态，也不增加其数量。物流部门是通过运输解决物资从生产地到消费地之间的空间距离问题，创造商品的空间效用，实现其使用价值，满足社会需要。正确选择运输方式对提高物流效率具有十分重要的意义。在决定运输方式时，必须权衡运输要求的服务水平和运输成本，可以以运输方式的服务特性作为判断的基准，例如运费、货物的安全性、时间的准确性、适用性、伸缩性、网络性和信息等。

1.3.2 仓储功能

仓储是物流活动的一项重要业务，可以解决生产与消费在时间、数量上的不同步性，创造物品的时间效用。仓储功能包括货物的堆存、管理、保管、保养、维护等一系列活动。仓储的作用主要表现在两个方面：一是完好地保证货物的使用价值和价值；二是为将货物配送给用户，在物流中心进行必要的加工活动。随着经济的发展，物流由少品种、大批量物流进入多品种、小批量物流时代，仓储功能从重视保管效率逐渐变为重视顺利地发货和配送。流通仓库作为物流仓储功能的服务据点，在流通作业中发挥着重要的作用，它将不再以储存保管为主要目的。流通仓库有拣选、配货、检验、分类等作业，并具有多品种、小批量和多批次、小批量等收货配送功能，以及附加标签和重新包装等流通加工功能。

1.3.3 包装功能

为使物流过程中的货物完好地运送到用户手中，并满足用户的要求，物流部门需要对大多数商品进行不同方式、不同程度的包装。包装分为工业包装和商业包装两种。工业包装的作用是按单位分开产品，便于运输，保护在途货物。商业包装的目的是便于最后的销售。因此，包装的功能体现在保护商品、单位化、便利化和商品广告等几个方面，前三项属物流功能，最后一项属营销功能。

1.3.4 装卸搬运功能

装卸搬运是随运输和保管而产生的必要物流活动，是对运输、保管、包装、流通加工等物流活动进行衔接的中间环节，以及在保管等活动中为进行检验、维护、保养所进行的装卸活动，如货物的装上卸下、移送、拣选、分类等。装卸作业的代表形式是集装箱化和托盘化，使用的装卸机械设备有吊车、叉车、传送带和各种台车等。在物流活动的全过程中，装卸搬运活动频繁发生，因而是产品损坏的重要原因之一。对装卸搬运的管理，主要是对装卸搬运方式、装卸搬运机械设备的选择和合理配置以及实现装卸搬运合理化，尽可能减少装卸搬运次数，节约物流费用，获得较好的经济效益。

1.3.5 流通加工功能

流通加工功能是指物品从生产领域向消费领域流动的过程中，为了促进产品销售、维护产品质量和提高物流效率，对物品进行加工处理，使物品发生物理或化学变化的功能。这种在流通过程中对物品进行进一步的辅助性加工，可以弥补物品在生产过程中加工程度不足的缺陷，更有效地满足用户的需求，更好地衔接生产和需求环节，使流通过程更加合理。流通加工是物流活动中的一项重要增值服务，也是现代物流发展的一个重要趋势。流通加工的内容有装袋、定量化小包装、拴牌子、贴标签、配货、挑选、混装等。

1.3.6 配送功能

配送是指在经济合理范围内，根据客户要求，对物品进行拣选、加工、包装、分割、组配等作业，并按时送达指定地点的物流活动。配送是物流中一种特殊的、综合的活动形式，是商流与物流紧密结合，包含了商流活动和物流活动，也包含了物流中若干功能要素的一种形式，被称为“小物流”。通过配送功能，用户或服务对象可以实现零库存。依靠配送中心的准时配送，用户或服务对象无需保持自己的库存或只需保持少量的保险储备，从而减少物流成本。配送是现代物流最重要的一个特征。

1.3.7 信息服务功能

现代物流是需要依靠信息技术来保证物流体系正常运作的。物流系统的信息服务功能包括进行与上述各项功能有关的计划、预测，以及提供费用情报、生产情报、市场情报等活动。从信息的载体及服务对象来看，信息服务功能还可分成商流信息服务功能和物流信息服务功能。商流信息主要包括进行交易的有关信息，如货源信息、物价信息、市场信息、资金信息、合同信息、付款结算信息等。商流中的交易、合同等信息，不但提供了交易的结果，还提供了物流的依据，是两种信息流主要的交汇处。物流信息主要是物流数量、物流地区、物流费用等信息。物流信息中的库存量信息，不但是物流的结果，也是商流的依据。物流系统的信息服务功能必须建立在计算机网络技术和国际通用的 EDI 信息技术基础之上，才能高效地实现物流活动一系列环节的准确对接，真正创造“场所效用”及“时间效用”。可以说，信息服务是物流活动的中枢神经，该功能在物流系统中处于不可或缺的重要地位。信息服务功能的主要作用表现为：缩短从接受订货到发货的时间；库存适量化；提高搬运作业效率；提高运输效率；使接受订货和发出订货更为省力；提高订单处理的精度；防止发货、配送出现差错；调整需求和供给；提供信息咨询，等等。

2 牛鞭效应实训

学习目的和任务

1. 熟悉牛鞭效应的概念。
2. 深入理解牛鞭效应的产生原因与形成机理。
3. 掌握缓解牛鞭效应的方法。

2.1 实训目的

本次实训的目的是让学生理解牛鞭效应的产生原因，认识牛鞭效应给企业带来的危害，并掌握减轻牛鞭效应的方法。

2.2 实训要求

本实训严格按照企业真实的环境进行。本次实训要求学生深入了解牛鞭效应产生的原因，并掌握减轻牛鞭效应的方法。实训结束后，学生对实训结果进行分析总结，并撰写实训报告。

2.3 实训基础理论

2.3.1 牛鞭效应的概念

牛鞭效应最初是由宝洁公司发现的。宝洁公司在考察该公司一次性尿布的订货规律时，发现零售商的销售波动性并不大，但考察分销中心的订货时，却惊奇地发现销售波动性明显变大了。除了宝洁公司之外，其他公司也发现了类似的现象。该现象被形象地称为牛鞭效应。

牛鞭效应是销售活动过程中普遍存在的现象。它是指当供应链上的各级节点企业只根据与其相邻的下级节点企业的需求信息进行库存决策时，需求信息的不真实性会沿着供应链逆流而上，产生逐级放大的现象，到达最源头的供应商时，其获得的需求信息和实际市场中的需求信息产生了很大的偏差。由于受这种需求放大变异效应的影响，上游供应商通常维持比下游企业需求更高的库存水平，以应付订货的不确定性，从而人为地增大了供应链中的上游节点企业的供应、生产、库存管理和营销风险，甚至导致生产、供应、营销的混乱。

2.3.2 牛鞭效应的产生原因

牛鞭效应的产生原因主要有以下几个方面：

（1）需求预测修正

需求预测修正是指当供应链中的成员采用与其直接相邻的下游企业的订货数据作为市场需求信息的依据时，就会产生需求放大现象。例如，在市场销售活动中，根据历史销售数据零售商的最高月销量为 1 000 个单位，但下月正逢重大节日，零售商会在最高销量的基础上增加 A%以防止销售缺货，于是零售商的订单数量为（1+A%）1 000 个单位。与此类似，批发商汇总该区域的销量，假定为 12 000 个单位，批发商为了保证零售商的需要又增加 B%以防止缺货，于是向生产商下达订单（1+B%）12 000 个单位。这样一层一层地增加预订量，就导致了牛鞭效应。

（2）分摊订货成本

在一般情况下，下游销售商不会针对一个订单向上级供应商订货，而是要等到订单汇总到一定数量后再向供应商订货。为了减少订货频率，分摊订货成本，销售商往往会批量订货，这样会人为地增加订货量，导致了牛鞭效应。

（3）价格波动

价格波动是一些促销手段或者经济环境变化造成的，例如价格折扣、数量折扣、通货膨胀、与竞争对手的恶性竞争、自然灾害、社会动荡等。这些因素使得零售商预先采购的数量大于实际的需求量，因为如果库存成本小于价格折扣所获得的利益，销售人员当然愿意预先多买。这样，订货没有真实反映需求的变化，从而产生牛鞭效应。

（4）短缺博弈

当需求量大于供应量时，理性的决策是按照订货量比例分配现有供应量。比如，总的供应量只有订货量的 80%，合理的分配办法就是按照订货量的 80%供货，此时，销售商为了获得更大份额的分配量，故意夸大订货需求在所难免。当需求降低时，大的订货量又突然消失，这种短缺博弈导致的需求信息的扭曲最终导致了牛鞭效应。

（5）库存责任失衡

在营销实践中，通常的做法是供应商先供货，待销售商把货物销售完后再结算。这种营销体制导致供应商需要在销售商结算之前按照销售商的订货量负责将货物运送到销售商指定的地方，而销售商并不承担货物的运送费用。当货物毁损或者供给过剩时，供应商还需承担调换、退货及其他相关损失。这样，库存责任自然由供应商承担，从而使销售商处于有利地位。同时，在销售商的资金周转不畅时，由于有大量存货可作为资产使用，销售商会利用这些存货与其他供应商易货，或者不顾供应商的价格规定，低价出货，加速资金回笼，缓解资金周转困难。此外，销售商掌握大数量的库存也可以作为与供应商进行博弈的筹码。因此，销售商普遍倾向于加大订货量，掌握主动权。这样也必然会导致牛鞭效应。

（6）应付环境变化

自然环境、政策环境和社会环境的变化都会增大市场的不确定性。销售商应对这些不确定性因素的主要手段之一就是保持库存，并且随着这些不确定性的增大，库存量也会发生变化。当不确定性被人为夸大，或者形成一种较普遍的认识时，为了保持应付这些不确定性的安全库存，销售商会加大订货量，将不确定性风险转移给供应商。这样也会导致牛鞭效应。

2.3.3 缓解牛鞭效应的方法

（1）需求信息的共享

牛鞭效应产生的原因是信息不对称。每一个节点企业的需求预测均成为上游节点企业订货决策的放大因子。消除信息扭曲的方法是信息共享，要求供应链上的每一个节点企业只能根据最终消费者市场需求预测进行自身的需求预测，最终消费者市场需求预测必须被供应链上的每一个成员所共享。

（2）合理定价策略

价格波动是产生牛鞭效应的一个原因。解决价格波动导致的牛鞭效应，要求供应商采取每天低价策略和分期供货契约策略，前者通过价格的持续性、后者通过供货的阶段性来抑制价格的波动，降低牛鞭效应的影响。

（3）建立合作伙伴关系

供需双方建立战略合作伙伴关系可以消除牛鞭效应。供需双方相互信任，公开业务数据，信息共享和业务集成可以有效减少牛鞭效应产生的机会。

2.4 实训内容

本实训教程中的所有实训使用的都是深圳市中海咨询科技有限公司开发的《中海2000物流企业决策实验系统》（教学版）。该软件是根据物流企业的实际需要设计开发而成的，它以物流企业管理为基础，包括仓储、分拣等物流管理的许多环节，按照企业真实的业务流程进行实例教学，有利于帮助学生了解物流企业的实际经营模式。

2.4.1 牛鞭效应实验角色分配

教师将全班学生分成若干小组，每组4~7人，分别扮演生产商、分销商、批发商和零售商四种角色。如果有一组人数不够，系统会产生自动角色（NPC）陪学生们一起完成整个实验。

2.4.2 管理员登录与实验管理

《中海2000物流企业决策实验系统》的后台管理分为三种角色：管理员、教师、学生。管理员的权限为最高级别，可以创建班级信息、教师账号，以及为班级分配实验。教师由管理员创建账号，教师的权限为管理学生信息、创建与查看实验、修改实验参数。学生由教师创建账号，只能加入由教师已创建完成的实验，并等待教师开始实验。

管理员在浏览器中输入系统网址，显示登录界面，如图2.1所示。管理员默认登录账号为admin，密码为admin。管理员输入用户名与密码，选择角色为管理员，登录系统。

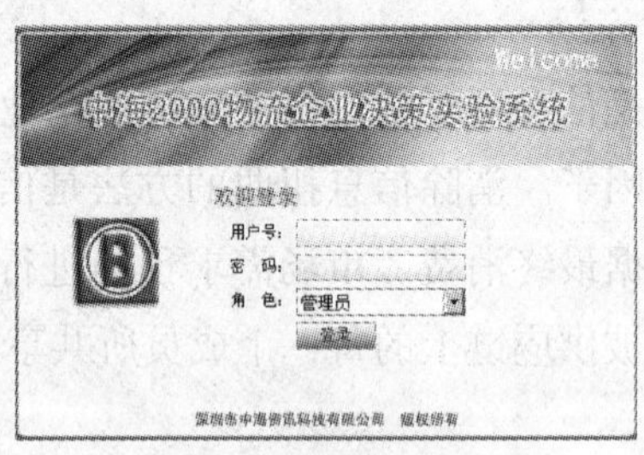

图2.1 管理员登录界面

管理员登录成功后，在基本信息列点击【班级管理】按钮，进行班级创建。在班级列表页面中点击【新增】按钮，显示新增班级页面，如图2.2所示。然后，输入新增班级的编号以及班级名称，正确完成输入后，点击【确定】完成班级创建。

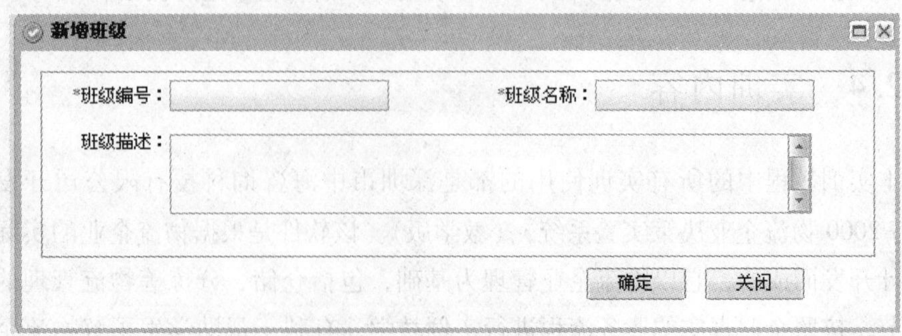

图2.2 新增班级页面

管理员可以对新建的班级进行修改和删除操作。管理员勾选新建的班级，点击【编辑】按钮，显示班级修改页面，如图 2.3 所示，直接修改班级编号以及班级名称即可。点击【删除】按钮，经系统提示，完成班级删除操作。

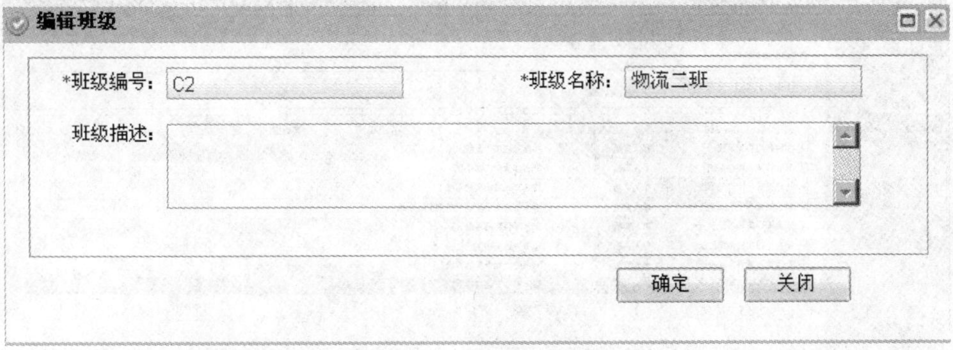

图 2.3　班级修改页面

管理员在基本信息列点击【教师管理】按钮，进行教师账号的创建。在教师列表页面点击【新增】按钮，显示新增教师信息页面，如图 2.4 所示，输入新增教师的编号、名称、密码，并勾选该教师所管班级，正确完成输入后，点击【确定】，完成教师账号的创建。

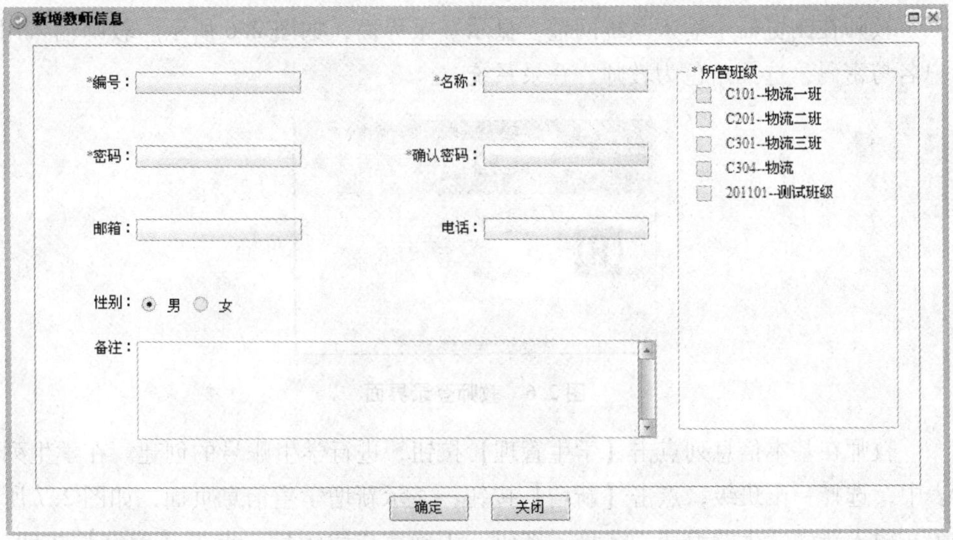

图 2.4　新增教师信息页面

管理员在班级实验管理列点击【实验分配】按钮，为班级分配实验，显示页面如图 2.5 所示。在班级下拉框列表中选择一个班级，并勾选该班级将要进行的实验，点击【分配】，完成班级实验分配操作。

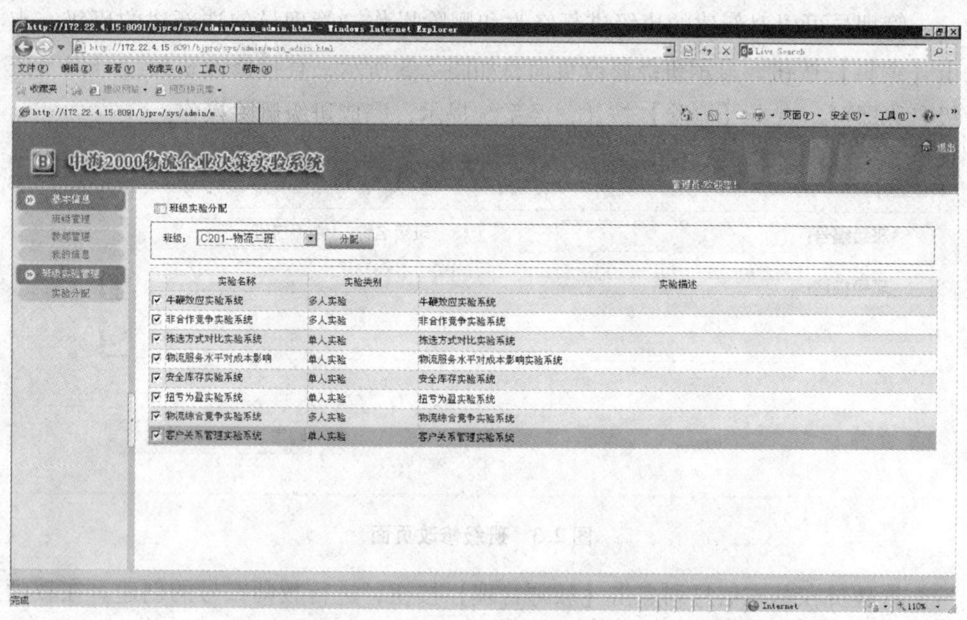

图 2.5　班级实验分配页面

2.4.3　教师登录与实验创建

教师在浏览器中输入系统网址，显示登录界面，如图 2.6 所示。教师输入用户名与密码，选择角色为教师，登录系统。

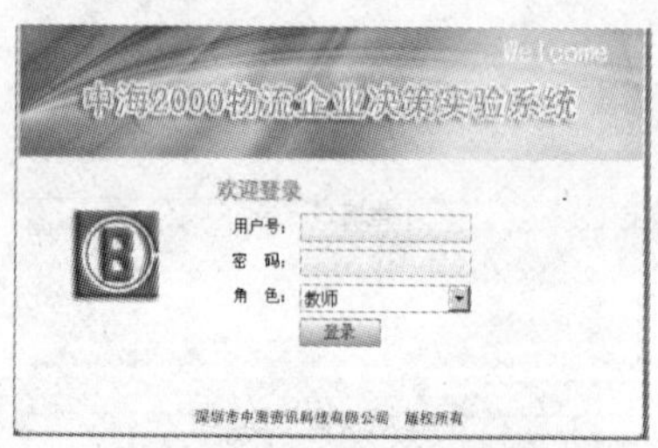

图 2.6　教师登录界面

教师在基本信息列点击【学生管理】按钮，进行学生账号的创建。在学生列表中，选择一个班级，点击【新增】按钮，显示新增学生信息页面，如图 2.7 所示，输入新增学生的编号、名称、密码，正确完成输入后，点击【确定】按钮，完成学生账号的创建。

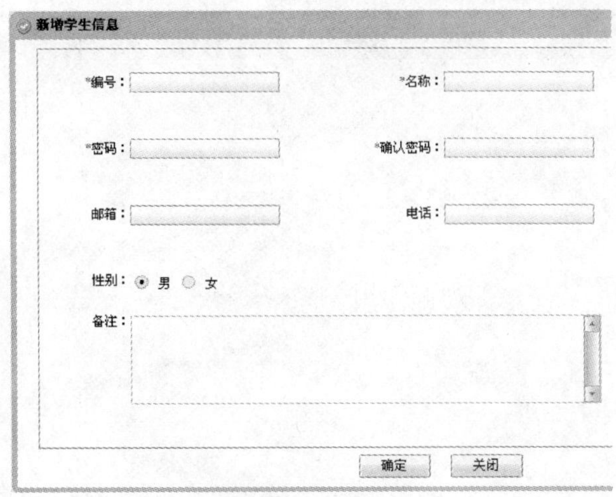

图 2.7　新增学生信息页面

教师在实验信息列点击【实验管理】按钮，进入班级实验管理页面，显示页面如图 2.8 所示。

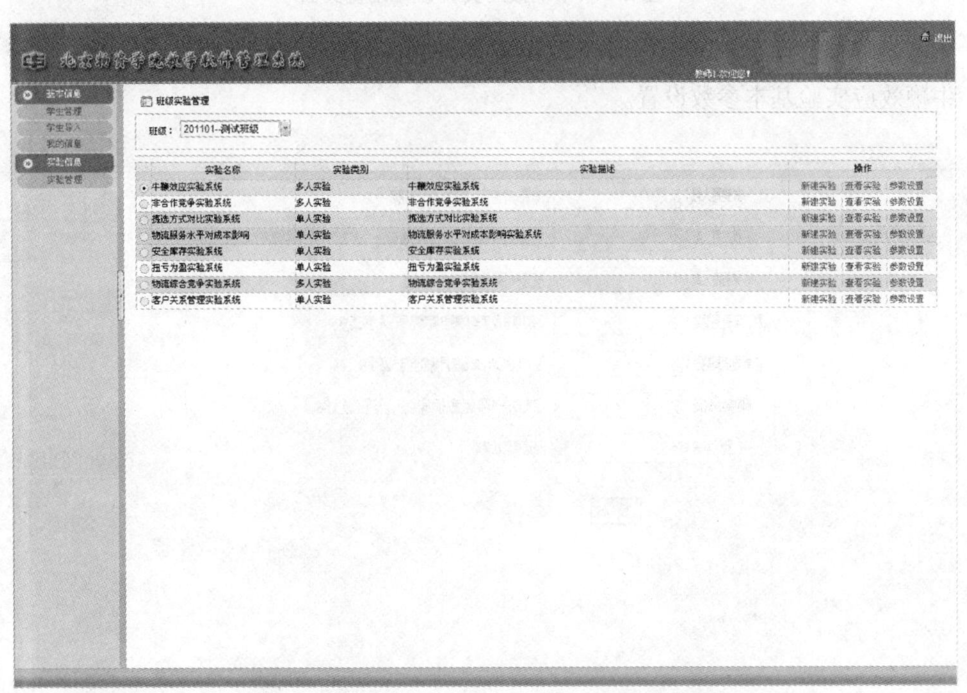

图 2.8　班级实验管理页面

教师在实验管理页面中勾选牛鞭效应实验，并点击【参数设置】按钮，对牛鞭效应实验进行参数设置，显示页面如图 2.9 所示。

图 2.9　牛鞭效应实验参数设置页面

教师在管理菜单列点击【参数设置】按钮，显示页面如图 2.10 所示，进行牛鞭效应实验基本参数设置。

系统设置

分销商人数：1　设置一个生产商下有多少个分销商

批发商人数：1　设置一个分销商下有多少个批发商

零售商人数：1　设置一个批发商下有多少个零售商

默认实验周期数：25　您可以修改实验周期但周期范围必须为 25-35

订单到货周期数：2　您可以修改订单到货周期数但范围必须为 1-4

周期触发时间：8　您可以修改周期触发时间间隔(分)但范围必须为1~9

默认策略：s-S　请选择默认策略

修 改

图 2.10　牛鞭效应基本参数设置页面

在牛鞭效应实验中，基本的参数具体包括以下几个：

（1）分销商人数

设置实验中一个生产商的下游有多少个分销商。

(2) 批发商人数

设置实验中一个分销商的下游有多少个批发商。

(3) 零售商人数

设置实验中一个批发商的下游有多少个零售商。

(4) 默认实验周期数

实验周期数可以由教师自定义设定，但数值必须是25~35。

(5) 订单到货周期数

订单到货周期数是指实验参与者下订单后，隔几个周期到货。该周期可以由教师自定义设定，但数值必须是1~4。

(6) 周期触发时间

周期触发时间是指实验参与者必须在规定的时间内完成下订单的操作，如果在该时间段内实验参与者没有完成下订单的操作，系统则会在周期触发时间到点后自动按 NPC 规则下单。周期触发时间的单位为分钟，教师可以修改该时间，但数值必须是1~9。系统中共有四种 NPC 订单规则：

① s-S 规则

s-S 规则是指当库存水平低于 s 时，系统会发出订单补货，使库存达到 S 水平；当库存水平正常时，系统发出的订购数等同于需求数。

② s-Q 规则

s-Q 规则是指当库存水平低于 s 时，系统会发出数目为 Q 的订单补货；当库存水平正常时，系统发出的订购数等同于需求数。

③ Order to S 规则

Order to S 规则是指在实验过程中的每一周期，系统会发出订单补货，使得库存水平达到 S。

④Order to Q 规则

Order to Q 规则是指在实验过程中的每一周期，系统会发出数目为 Q 的订单补货。

(7) 默认策略

默认策略是指新创建的牛鞭效应实验中默认使用的 NPC 订货策略。设置该默认策略是为了方便实验创建，教师在创建实验时可以重新选择策略。

教师在参数设置过程中还需完成 NPC 订单规则的设置。在管理菜单列点击【NPC 订单规则】按钮，显示页面如图 2. 11 所示，输入相应参数值后，点击【修改】按钮，完成 NPC 订单规则的设置。

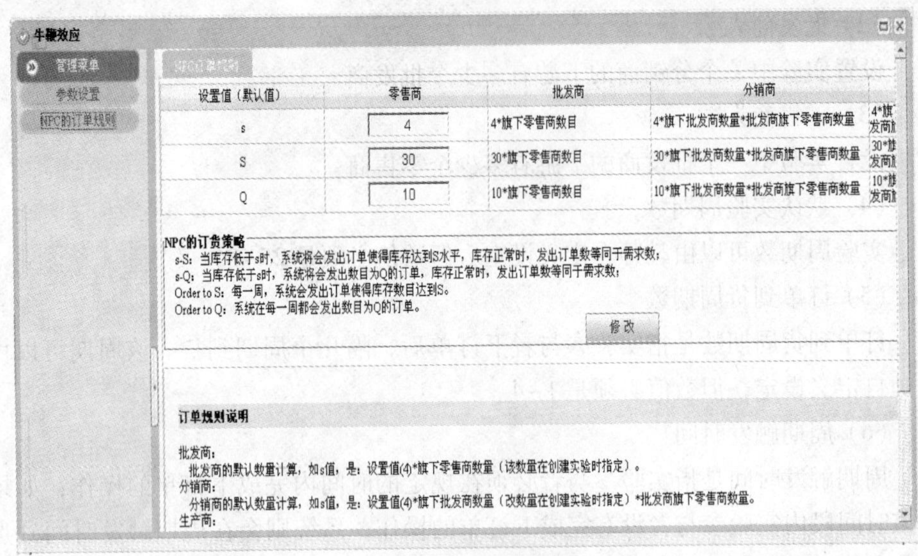

图 2.11　NPC 订单规则设置页面

教师正确完成输入后，点击【修改】按钮，保存数据，完成参数设置。这些修改将在下次创建实验时生效。

教师在实验管理页面中点击【新建实验】按钮，进入牛鞭效应实验创建页面，如图 2.12 所示。该页面上方为实验的基本信息，具体包括：实验名称、创建者、分销商人数、批发商人数、零售商人数、实验周期、订单到货周期、周期触发时间、NPC 的订货策略，页面下方是订货策略说明。教师输入实验名称和创建者后即可创建实验，其他参数均在系统参数设置中已经设置好，教师也可根据需要进行修改，若无需修改则直接点击【创建】，完成牛鞭效应实验的创建。

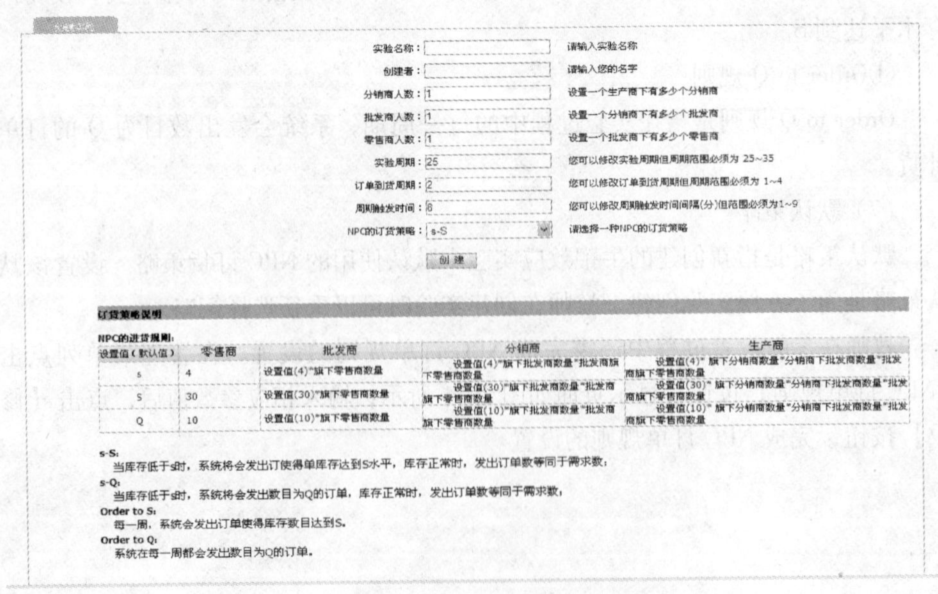

图 2.12　牛鞭效应实验创建页面

实验创建成功后，显示页面如图 2.13 所示，点击【进入实验】按钮，进入牛鞭效应实验监控中心页面，如图 2.14 所示。教师在该页面等待学生加入实验，待所有学生到齐以后，点击【开始实验】，即可以开始牛鞭效应实验。

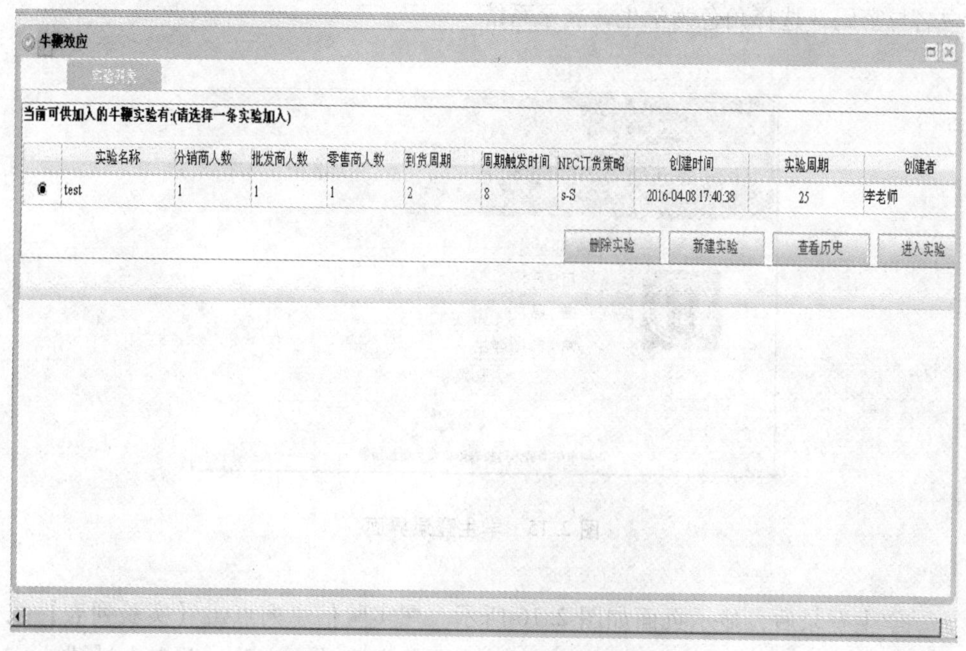

图 2.13　牛鞭效应实验创建成功页面

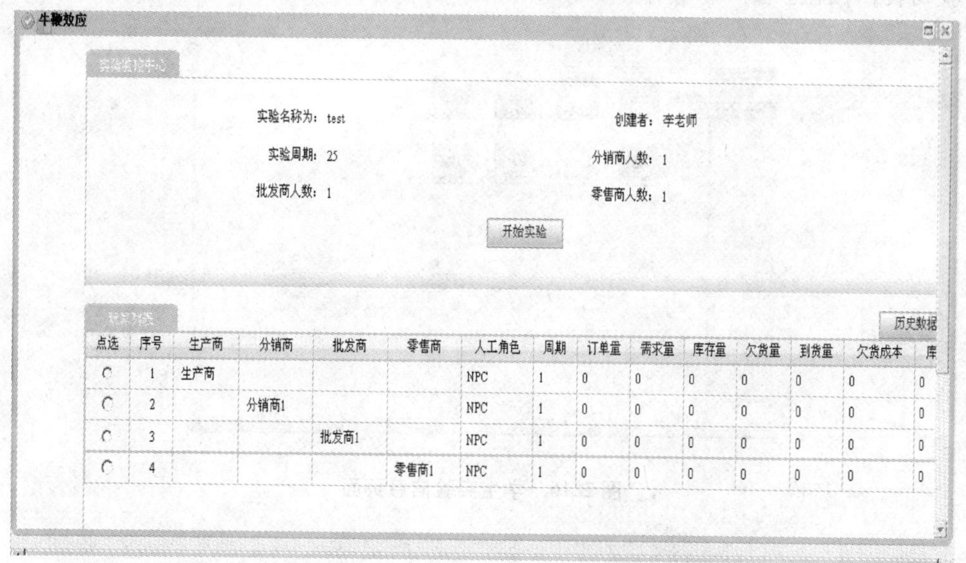

图 2.14　牛鞭效应实验监控中心页面

2.4.4 学生登录与实验加入

学生在浏览器中输入系统网址，显示登录界面，如图 2.15 所示。学生输入用户名与密码，选择角色为学生，登录系统。

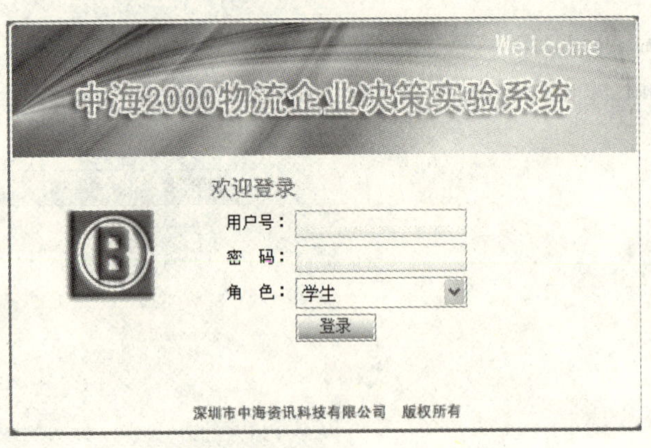

图 2.15 学生登录界面

学生登录后，显示页面如图 2.16 所示。在实验信息列点击【实验列表】按钮，显示实验列表页面，如图 2.17 所示，选择牛鞭效应实验，并点击【进入实验列表】按钮。

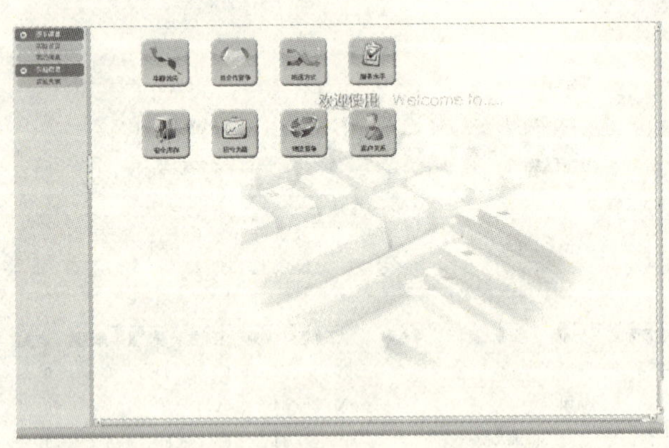

图 2.16 学生实验信息页面

实验列表

	实验名称	实验类别	实验描述	操作
○	牛鞭效应实验系统	多人实验	牛鞭效应实验系统	进入实验列表
○	非合作竞争实验系统	多人实验	非合作竞争实验系统	进入实验列表
○	拣选方式对比实验系统	单人实验	拣选方式对比实验系统	进入实验列表
○	物流服务水平对成本影响	单人实验	物流服务水平对成本影响实验系统	进入实验列表
○	安全库存实验系统	单人实验	安全库存实验系统	进入实验列表
○	扭亏为盈实验系统	单人实验	扭亏为盈实验系统	进入实验列表
○	物流综合竞争实验系统	多人实验	物流综合竞争实验系统	进入实验列表
○	客户关系管理实验系统	单人实验	客户关系管理实验系统	进入实验列表

图 2.17　学生实验列表页面

学生进入实验列表后，勾选教师已创建好的牛鞭效应实验，点击【加入实验】按钮，显示页面如图 2.18 所示，等待教师开始实验。

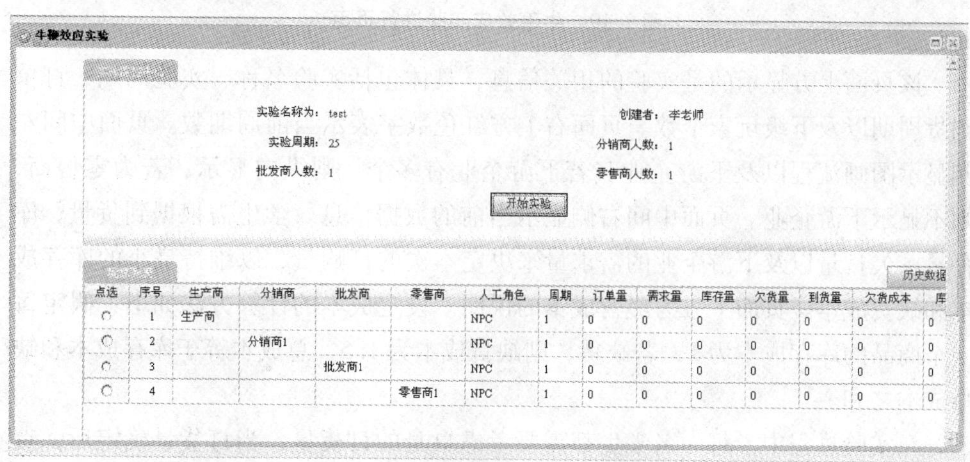

点选	序号	生产商	分销商	批发商	零售商	人工角色	周期	订单量	需求量	库存量	欠货量	到货量	欠货成本	库
○	1	生产商				NPC	1	0	0	0	0	0	0	0
○	2		分销商1			NPC	1	0	0	0	0	0	0	0
○	3			批发商1		NPC	1	0	0	0	0	0	0	0
○	4				零售商1	NPC	1	0	0	0	0	0	0	0

图 2.18　学生加入牛鞭效应实验页面

2.4.5　牛鞭效应实验进行

在牛鞭效应实验过程中，教师的主要职责是实时监控学生的实验数据，学生的主要任务是进行订单操作。学生在实验开始后，进入实验操作页面，如图 2.19 所示。

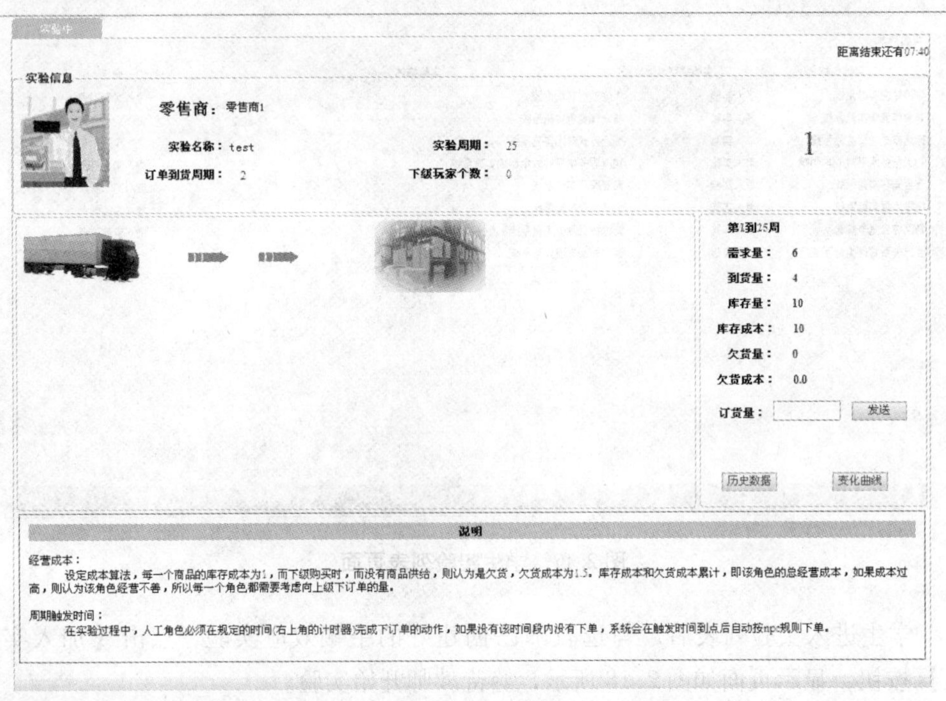

图 2.19　牛鞭效应实验进行页面

该页面上方显示的是实验的相关信息，具体包括实验名称、实验周期、订单到货周期以及下级玩家个数。页面右上方红色数字表示当前周期数。页面中间左侧显示图画流程以及下游企业。若下游企业有多个，则纵向显示；若为零售商，则不显示下游企业。页面中间右侧显示当前的数据信息。学生需根据到货量、库存量、欠货量以及下游企业的需求量来决定本次的订购量，以维持最小的库存成本和缺货成本。页面下方为经营成本的说明。设定成本的计算方法如下：假定每一个商品的库存成本为 1，若缺货，则缺货成本为 1.5，总成本等于库存成本和缺货成本之和。

在实验过程中，每一名学生都需要考虑自身的订货量，当订货量确定后，点击【发送】按钮，完成本次订单操作，并等待其他人下订单和发货。在实验过程中，学生必须在规定的时间内（页面右上角有计时器）完成订单。如果没有在该时间段内下订单，系统则会在触发时间到点后自动按 NPC 规则下单。

在实验过程中，学生可点击【历史数据】按钮查看历史数据。该历史数据包括每一周期的库存数、欠货数、到货量、需求量、订货量、库存成本、欠货成本以及经营成本，如图 2.20 所示。

[历史数据]

周期	库存数	欠货数	到货量	需求量	订货量	库存成本	欠货成本	经营成本
1	10	0	4	6	3	10.0	0.0	10.0
2	8	0	4	8	5	8.0	0.0	8.0
3	4	0	4	4	4	4.0	0.0	4.0
4	3	1	3	4	3	3.0	1.5	4.5
5	4	3	5	7	5	4.0	4.5	8.5
6	1	6	4	7	6	1.0	9.0	10.0
7	0	10	3	7	9	0.0	15.0	15.0
8	0	7	5	5	6	0.0	10.5	10.5
9	1	6	6	7	4	1.0	9.0	10.0

图 2.20　历史数据页面

在实验过程中，学生可点击【变化曲线】按钮，查看自身总成本的变化曲线图，显示页面如图 2.21 所示。

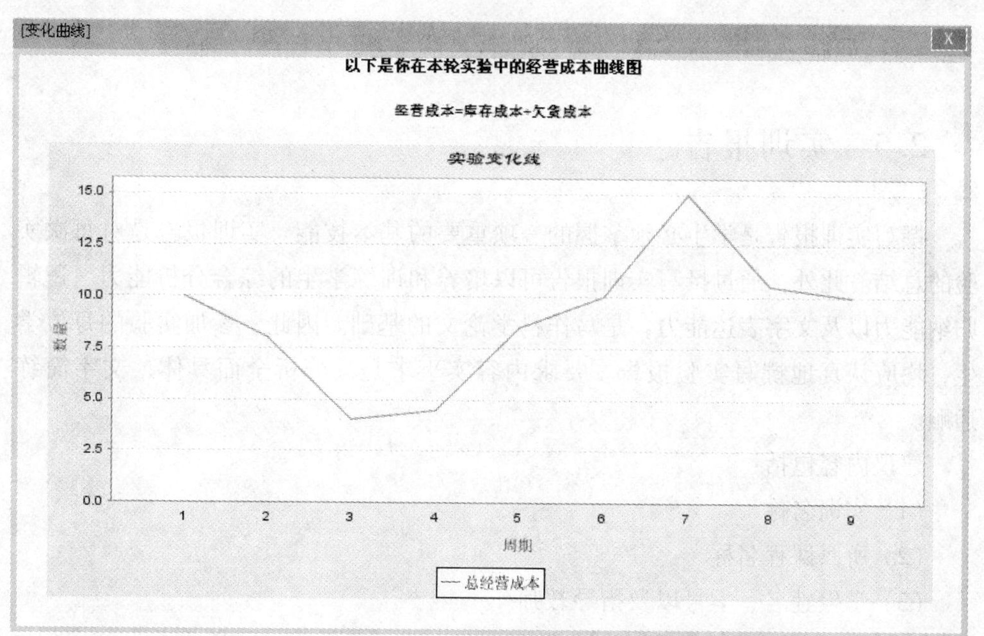

图 2.21　总成本变化曲线图

2.4.6 牛鞭效应实验结束

实验的最后一个周期完成后，牛鞭效应实验结束。此时，学生可以看到整个实验过程中自身的成本变化曲线，页面如图 2.22 所示。实验结果显示：由于单个人进行孤立的订单决策，引发上游企业订货量放大。从这里可以深刻理解牛鞭效应的本质和危害。

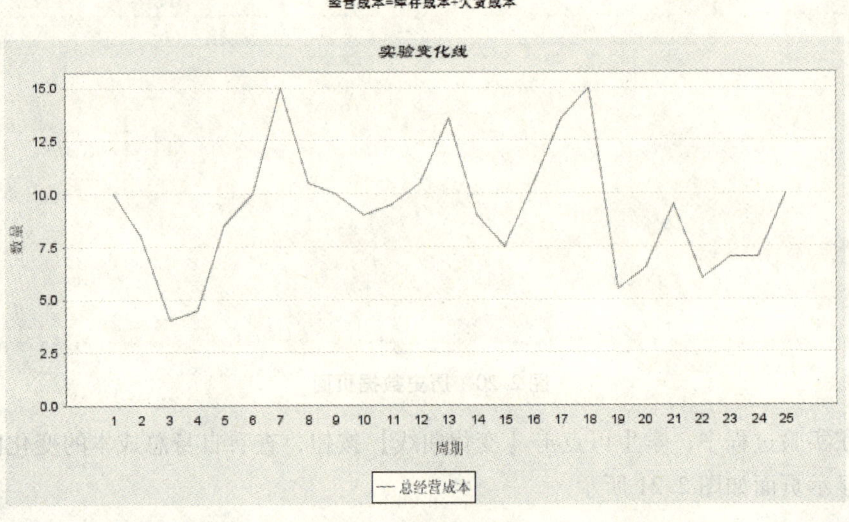

图 2.22　牛鞭效应实验结束时的成本变化曲线图

2.5　实训报告

撰写实训报告是学生必须掌握的一项重要的基本技能。实训报告是对每次实验的总结。此外，通过撰写实训报告可以培养和训练学生的综合分析能力、逻辑归纳能力以及文字表达能力，是写作科学论文的基础。因此，参加实验的每位学生，均应认真地撰写实验报告。要求内容实事求是，分析全面具体，文字简练通顺。

建议内容包括：

（1）实训名称

（2）所属课程名称

（3）学生姓名、学号以及指导教师

（4）实训日期（年、月、日）和地点

（5）实训目的

（6）实训内容

（7）实训环境和器材

(8) 实训步骤

(9) 实训结果

(10) 实训总结

扩展阅读

啤酒案例与牛鞭效应

在南方的一个小镇上，居民喜欢在下班后到酒吧休闲娱乐。镇上有很多类似的啤酒馆，每天的啤酒销量大致相当，每种品牌的啤酒销量也比较稳定。酒吧老板们每天从零售商那里进货，采取简单的类似双箱法的补货式订货模式，即当啤酒销量低于某一数量的时候，就开始订货，补足到库房能容纳的数量。他们这样经营，一直没有出现什么问题。

有一天，某个酒吧的客人开始争相喝一种"情人"牌啤酒，库存不足导致脱销。酒吧胡老板紧急向零售商加订了平时需求量的20%，但仍然不能满足客人对"情人"牌啤酒的需求。胡老板不得不再加大订量，订量是平时需求量的1.5倍。与此同时，其他酒吧的客人也开始喝这种牌子的啤酒。于是，上一级零售商面临着众多酒吧对此啤酒的暴涨需求。零售商开始向批发商加大订量，结果被告知，目前"情人"牌啤酒已经脱销，增加的订量不可能马上补足，只能补足现在增订量的50%。也就是说，胡老板要求增加100箱，却只能拿到50箱，因为制造商不可能马上增加产量。制造商在两周以后开始加班生产、运输和配送，但仍然不能满足需求；而经销商们（酒吧和零售商）不愿意丧失这千载难逢的大好销售时机，仍然加大增订量至平时需求量的1倍甚至2倍。啤酒迟迟不能按照订量到达的情况维持了整整8个星期。

突然有一天，胡老板的客人的口味又恢复了常态，"情人"牌啤酒不再受欢迎，销量骤然跌回原来的水平。恰在这时，胡老板前几周加订的"情人"牌啤酒都补足了，库房都装不下了。胡老板损失惨重。和胡老板有同样遭遇的还有其他酒吧的老板和上一级零售商及批发商们，其中损失最大的是"情人"牌啤酒制造商。这条啤酒供应链上的各个角色都损失惨重。案例所反映的就是牛鞭现象。需求从最终用户的消费者到酒吧，到上级批发商，再到啤酒制造商，逐步夸大，出现明显偏离真实情况的需求，并沿着需求链逐级放大。

那么案例中的小镇到底发生了什么？原来是小镇上有一天开始播放一部讲述都市男女爱情故事的电视连续剧，剧中男女主人公约会时经常喝的啤酒就是"情人"牌啤酒。男女主人公缠绵的爱情故事，让小镇上的居民看得如痴如醉，大家茶余饭后都在谈论这个故事，喝酒时也纷纷以喝"情人"牌啤酒为时尚。

小镇上的居民对这个啤酒的实际需求呈现的是一个梯度跳变，然后保持了

8个星期。8个星期后，电视剧结束了，大家又恢复了往日的生活，“情人”牌啤酒的销量也回到了常态。时尚就是这样，说来就来，说走就走。小镇的酒吧从第一次增加订量后，就开始失去了理智，增加的订量超过了实际需求量。这种夸大需求的行为向链条的上游蔓延，经过批发商，一直延伸到制造商。这是现实生活中的真实案例。百威、蓝带等都遇到过这种季节性需求增加带来的问题。

那么怎样才能避免这样的悲剧再次发生呢？传统的供应链上的每个角色都倾向于自行根据客户的订单和自己的预测来安排生产和采购，但这种反应性的供应往往是错误的和滞后的。因为供应链上的每一个角色都有不同于他人的制造周期、订货周期和计划周期，在他们传递需求的数量和时间的时候，不可避免地会受到牛鞭效应的影响。只有实时而非周期性地共享这些信息，才能减轻这种规律带来的杀伤力。

如何减少牛鞭效应带来的损害？

（1）减少供货周期。缩短计划周期（比如改月度计划为周计划）以减少长时间等待下的变化的放大。假如每天偏差10%，如果检查周期是3天，就可以避免超过50%的实际偏差。如果实行即时供货制，就可以有效地避免这些问题。

（2）不要迷信预测工具，要及时纠正错误。预测三原理：预测永远是错误的；预测时间段越长，预测的结果与现实差距越大；差量预测比较精确。

资料来源：啤酒案例与牛鞭效应［EB/OL］.（2010-09-28）http://www.haicent.com/List.asp? ID=12353.

3 安全库存实训

学习目的和任务

1. 掌握安全库存的概念。
2. 理解安全库存的产生原因以及重要作用。
3. 熟悉降低安全库存的方法。

3.1 实训目的

本次实训的目的是让学生理解安全库存产生的原因与重要性，并思考降低安全库存的方法。

3.2 实训要求

实训严格按照企业真实的决策环境进行，在需求不确定的情况下，参与方做出库存决策。本次实训要求学生了解企业真实库存管理模式以及业务流程。实训结束后，学生对实训结果进行分析总结，并撰写实训报告。

3.3 实训基础理论

3.3.1 安全库存的概念

在经营过程中，企业面临产品需求不确定、交货时间不确定以及自然灾害等许多不确定因素，这些不确定因素容易造成企业生产中断与缺货，从而给企业带来损失。不确定因素的来源各有不同。从需求方面来说，不确定性涉及市场消费者购买多少以及什么时候购买。处理需求不确定性的一个通常做法是进行需求预测，但实际上企业很难准确地预测出需求的大小。从供应方面来说，不确定性来源于订货提前期的不确定。从交货的可靠性来说，不确定性来源于运输方式的改变、运输时间的改变以及运输公司营运状况的改变等。为了应付这些不确定性，防止缺货情况的发生，企业要备有安全库存。在正常情况下，企业不会动用安全库存，只有在库存过量使用或者交货时间延迟时才使用安全库存。安全库存是由不确定因素导致的企业额外准备的一部分库存，它作为一种缓冲器用来弥补在订货提前期内实际需求量超过期望需求量或实际提前期超过期望提前期所产生的需求。

3.3.2 安全库存的影响因素

为了准确地确定安全库存水平，首先需要了解影响安全库存水平的因素有哪些，然后分析和评估这些因素对安全库存水平的影响程度。影响安全库存水平的因素主要有：

（1）需求和供给的不确定性

安全库存随着供给与需求的不确定性的增加而增加。例如，某手机制造商推出某款新手机时，因为对市场需求不确定，所以保持较高的安全库存水平，而当产品被消费者接受时，需求趋于稳定，不确定性降低，安全库存也就降低。

（2）顾客服务水平

一般来说，顾客要求的服务水平越高，企业的安全库存水平也就越高。安全库存与服务水平的关系满足以下规律：在服务水平较低时，稍微增加一些安全库存，服务水平的提高就会非常显著，但是，当服务达到较高水平时，提高服务水平就需大幅度增加安全库存。同时，也要注意到安全库存虽然能够提高服务水平，但安全库存过高，企业要支付高昂的库存成本。一方面，当安全库存设置较低时，容易发生缺货，企业存在缺货损失；另一方面，当安全库存设置较高时，企业面临高昂的库存成本。于是，企业就必须在缺货损失与库存成本之间进行权衡，在此基础上设定合适的安全库存水平。

3.3.3 订货点的确定

订货点是用来满足发布订单到订单达到这段时间内的需求。设：

L=订货提前期

Q=产品的需求率

如果订货提前期和产品需求都是确定的，而不是随机可变的，则订货点 R 满足：

$$R=L\times Q \tag{3.1}$$

如果订货提前期和产品需求两者至少有一个是随机的（分布概率已知），假设 L 确定，Q 是随机的，那么：

$$R=L\times E(Q)=E(D_L) \tag{3.2}$$

这时就有缺货的风险。为了降低缺货风险，企业需要考虑安全库存。

（3.2）调整为：

$$R=SS+E(D_L) \tag{3.3}$$

其中 SS 表示安全库存。（3.3）表明用安全库存吸收随机变化超过期望的部分。

3.3.4 安全库存的确定

安全库存主要受产品的需求以及订货提前期的影响。按照产品的需求以及订货提前期是随机的还是确定的，安全库存的计算分三种情况进行。

（1）产品需求确定且订货提前期随机

在产品需求确定且订货提前期随机的情况下，安全库存的计算公式为

$$SS=zd\delta_L \tag{3.4}$$

其中 z 表示安全系数，由服务水平确定；d 表示产品的需求率；δ_L 表示订货提前期标准差。

（2）产品需求随机且订货提前期确定

产品需求随机且订货提前期确定，安全库存的计算公式为：

$$SS=z\sigma\sqrt{L} \tag{3.5}$$

其中 z 表示安全系数，由服务水平确定；σ 表示产品需求率标准差；L 表示订货提前期。

（3）产品需求随机且订货提前期随机

产品需求随机且订货提前期随机，安全库存的计算公式为：

$$SS=z\sqrt{L\sigma^2+\delta_L^2d^2} \tag{3.6}$$

其中 z 表示安全系数，由服务水平确定；σ 表示产品需求率标准差；L 表示订货提前期均值；δ_L 表示订货提前期标准差；d 表示产品的需求率。

3.3.5 降低安全库存的方法

为了降低安全库存可以从以下几方面着手：

（1）增大需求预测的准确性

需求预测越准确，意外需求发生的可能性越小，即产品需求率标准差越小，从而安全库存越小。

（2）缩短订货周期

订货提前期越短，在该期间内发生意外的可能性也越小，从而安全库存越小。

（3）减小供应的不稳定性

减小供应的不稳定性的途径之一是让供应商知道企业的生产计划，以便他们能够及早做出安排。

3.4 实训内容

3.4.1 安全库存实验参数设置

教师登录系统后，点击【实验管理】按钮，在班级实验管理页面中，勾选安全库存实验系统，并点击【参数设置】按钮，进入安全库存实验背景参数设置页面，如图 3.1 所示。

图 3.1 安全库存实验参数设置页面

3.4.1.1 背景建模

背景是让学生在某一环境下进行安全库存实验。不同的实验背景下出来的实验效果是不一样的。实验背景应尽可能模拟实际企业运作环境来设置，让学生体验不同行业、不同企业的安全库存模型。教师在管理菜单列点击【背景建模】按钮，进行实验背景设置，显示页面如图 3.2 所示。显示的是系统中已有的实验背景。实验背景设置具体包括背景名称、实验周期、行业、背景企业、是否为生产型企业、行业性质特征等。

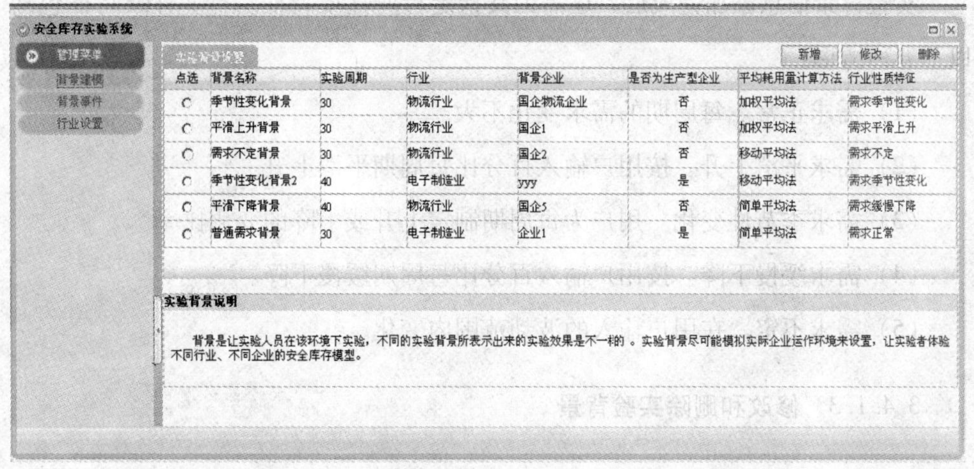

点选	背景名称	实验周期	行业	背景企业	是否为生产型企业	平均耗用量计算方法	行业性质特征
○	季节性变化背景	30	物流行业	国企物流企业	否	加权平均法	需求季节性变化
○	平滑上升背景	30	物流行业	国企1	否	加权平均法	需求平滑上升
○	需求不定背景	30	物流行业	国企2	否	移动平均法	需求不定
○	季节性变化背景2	40	电子制造业	yyy	是	移动平均法	需求季节性变化
○	平滑下降背景	40	物流行业	国企5	否	简单平均法	需求缓慢下降
○	普通需求背景	30	电子制造业	企业1	是	简单平均法	需求正常

实验背景说明

背景是让实验人员在该环境下实验，不同的实验背景所表示出来的实验效果是不一样的 。实验背景尽可能模拟实际企业运作环境来设置，让实验者体验不同行业、不同企业的安全库存模型。

图 3.2　安全库存实验背景设置页面

3.4.1.2　新增背景

教师在实验背景设置页面右上方点击【新增】按钮，显示新增实验背景设置页面，如图 3.3 所示。教师选择一个行业（从行业设置模块中得到数据）以及平均耗用量的计算方法（有简单平均法、加权平均法、移动平均法），并输入背景名称、实验周期（范围为 20 至 50）、背景企业名称。正确完成输入后，点击【提交】，完成新增实验背景设置。

[新增实验背景]

背景名称：　请输入背景名称

实验周期：　请输入实验周期,周期范围必须为 20~50

行业：物流行业　请选择行业

背景企业：　请输入背景企业

是否为生产型企业：否　请选择是否为生产型企业

平均耗用量的计算方法：简单平均法　请选择计算方法

提 交

图 3.3　新增实验背景设置页面

实验背景信息添加完成后，还需为其指定行业性质特征。行业性质特征包括以下五种情形：

（1）需求正常。每周期的需求变化不大。

（2）需求平滑上升。按用户输入百分比每周期平滑上升。

（3）需求季节性变化。用户为每周期制定上升或下降的变化比率。

（4）需求缓慢下降。按用户输入百分比每周期缓慢下降。

（5）需求不定。在用户输入的波动范围内变化。

3.4.1.3 修改和删除实验背景

教师选中要操作的实验背景后，点击【修改】或【删除】按钮，可对当列实验背景进行修改或删除操作。删除操作在得到系统提示、确认后完成。若需要修改行业性质特征和变化指数，则点击当列实验背景的行业性质特征链接，出现修改页面，修改完成后点击【提交】完成操作。

3.4.1.4 背景事件设置

背景事件是指在某个背景模型下的一些特定影响因素，例如价格猛跌、价格猛涨以及银根紧缩等。这些因素将会影响库存的大小。例如，在价格猛跌因素的影响下，企业要求增加库存；在价格猛涨或者银根紧缩因素的影响下，企业要求减少库存。这些因素在实验中会直接影响安全库存的大小，从而间接影响实验者的订购量。背景事件在实验中自动生效，并影响实验者的决策。实验者在综合考虑背景事件的情况下决定订购量。在一个背景下可能出现多个事件，这些事件对库存产生综合影响。

教师在管理菜单列点击【背景事件】按钮，显示页面如图 3.4 所示。实验背景一栏中的数据为背景建模中已经定义好的实验背景列表，选择好一个实验背景后，下方列表则显示该背景下的所有事件信息，如图 3.5 所示。

新增 修改 删除

实验背景：---所有--

点选	事件名称	实验背景	生效周期	持续周期	影响比例	事件描述
○	价格猛跌	季节性变化背景	2	4	10.0%	价格猛跌，这种因素影响下，会要求增大库存
○	银根紧缩	季节性变化背景	3	4	-5.0%	银根紧缩的因素影响下，会要求减少库存
○	价格猛跌	平滑上升背景	3	3	7.0%	价格猛跌，这种因素影响下，会要求增大库存
○	银根紧缩	平滑上升背景	4	5	-7.0%	银根紧缩的因素影响下，会要求减少库存
○	价格猛跌	需求不定背景	3	4	6.0%	价格猛跌，这种因素影响下，会要求增大库存
○	银根紧缩	需求不定背景	2	5	-23.0%	银根紧缩的因素影响下，会要求减少库存
○	价格猛跌	季节性变化背景2	3	4	25.0%	价格猛跌，这种因素影响下，会要求增大库存
○	银根紧缩	季节性变化背景2	2	4	-15.0%	在银根紧缩的因素影响下，会要求减少库存
○	银根紧缩	平滑下降背景	1	3	-10.0%	在银根紧缩的因素影响下，会要求减少库存
○	价格猛跌	平滑下降背景	1	3	13.0%	价格猛跌，这种因素影响下，会要求增大库存
○	价格猛跌	普通需求背景	3	4	14.0%	价格猛跌，这种因素影响下，会要求增大库存
○	银根紧缩	普通需求背景	3	3	-14.0%	在银根紧缩的因素影响下，会要求减少库存
○	价格猛涨	平滑上升背景	1	1	10.0%	价格涨了。

背景事件说明

背景事件是在某个背景模型下的一些特定影响因素，这些因素会影响到库存，如价格猛跌，这种因素影响下，可能会要求增大库存；而在银根紧缩的因素影响下，会要求减少库存。而这些因素影响，在实验中直接影响到安全库存量，而间接去影响实验者的订单量。

图 3.4　安全库存实验背景事件设置页面

新增 修改 删除

实验背景：季节性变化背景

点选	事件名称	实验背景	生效周期	持续周期	影响比例	事件描述
○	价格猛跌	季节性变化背景	2	4	10.0%	价格猛跌，这种因素影响下，会要求增大库存
○	银根紧缩	季节性变化背景	3	4	-5.0%	银根紧缩的因素影响下，会要求减少库存

背景事件说明

背景事件是在某个背景模型下的一些特定影响因素，这些因素会影响到库存，如价格猛跌，这种因素影响下，可能会要求增大库存；而在银根紧缩的因素影响下，会要求减少库存。而这些因素影响，在实验中直接影响到安全库存量，而间接去影响实验者的订单量。

图 3.5　实验背景模型下的背景事件页面

3.4.1.5　新增背景事件

教师在背景事件设置页面中点击【新增】按钮，进入背景事件新增页面（如图 3.6 所示），输入实验背景（教师指定一个实验背景，新增背景事件在该实验背景下生效）、事件名称、生效周期（教师指定新增背景事件从哪一个实验周期开始生效）、持续周期（教师指定新增背景事件持续周期数，范围从 1 到 5）、影响比例类型（选择增加还是减少）、影响比例（教师指定新增背景事件对库存的影响百分比）以及事件描述（详细描述该事件的资料信息）。正确完成输入后，点击【提交】按钮，保存新增背景事件。

[新增背景事件]

实验背景：----请选择--- 请选择实验背景

事件名称： 请输入事件名称

生效周期： 请输入生效周期

持续周期： 请输入持续周期,持续周期范围只能为1~5

影响比例类型：增加 请选择影响比例类型

影响比例(百分比)： (%)请输入影响比例

事件描述： 请输入事件描述

提交

图 3.6 新增背景事件页面

3.4.1.6 行业设置

行业设置是指教师指定本次安全库存实验在什么样的行业中进行。教师在管理菜单列点击【行业设置】按钮，显示页面如图 3.7 所示，是系统中已有的行业。选中一个行业后，点击页面右上角【修改】或【删除】按钮，可对当列行业信息进行修改或删除操作。点击【新增】按钮，可以设置新增行业，显示页面如图 3.8 所示。正确输入行业名称和行业描述后，点击【提交】按钮，完成新增行业设置。

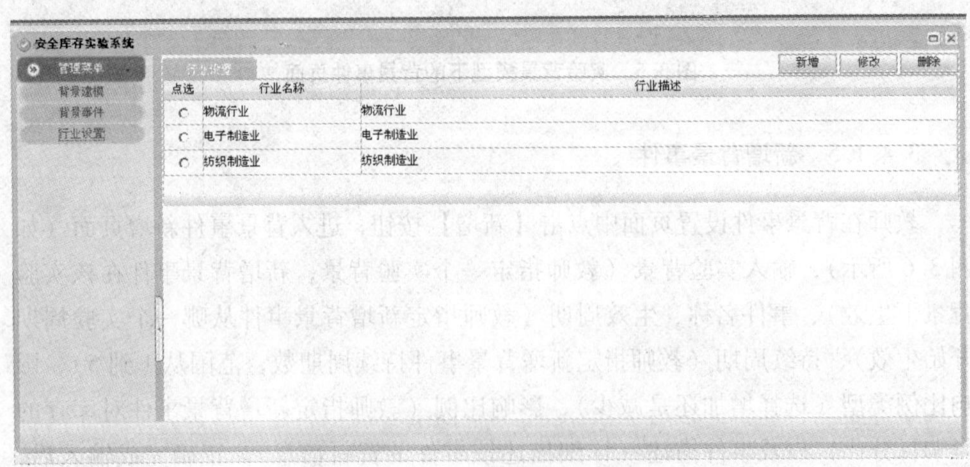

图 3.7 行业设置页面

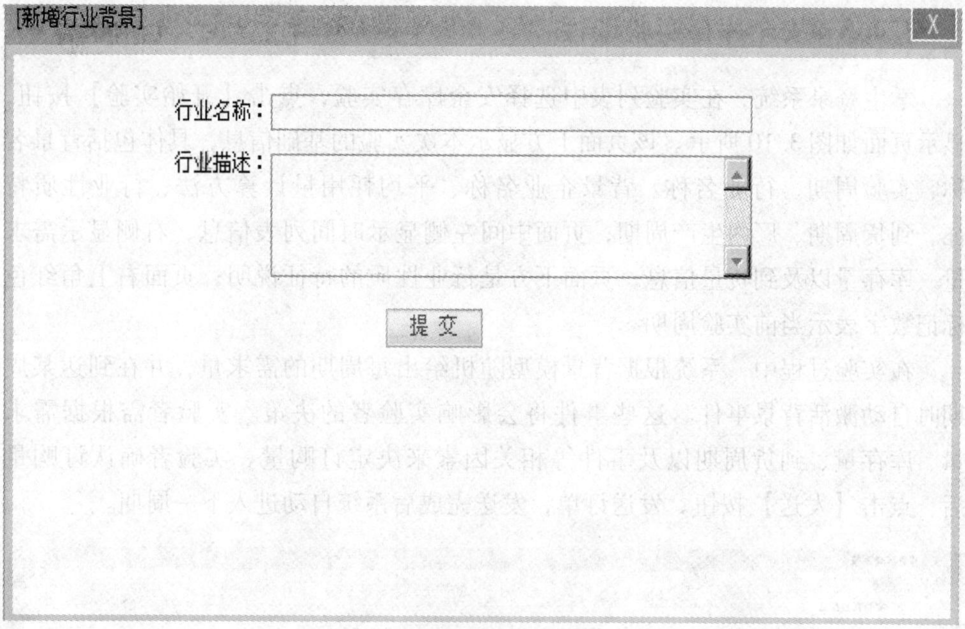

[新增行业背景]

行业名称：

行业描述：

提 交

图 3.8　新增行业设置页面

3.4.2　安全库存实验创建

教师在班级实验管理页面点击【新建实验】按钮，显示页面如图 3.9 所示，输入实验名称、实验背景、到货周期（范围从 0 至 4）、厂内生产周期（该周期只对生产型企业有效，数值默认为 0，范围从 0 至 3）、缺货率（缺货率设定为 1%，2%，3%，5%，10%几种，系统默认缺货率为 2%）。正确完成输入后，点击【提交】按钮，完成实验创建。教师创建实验完成后，学生以单人模式开始实验。

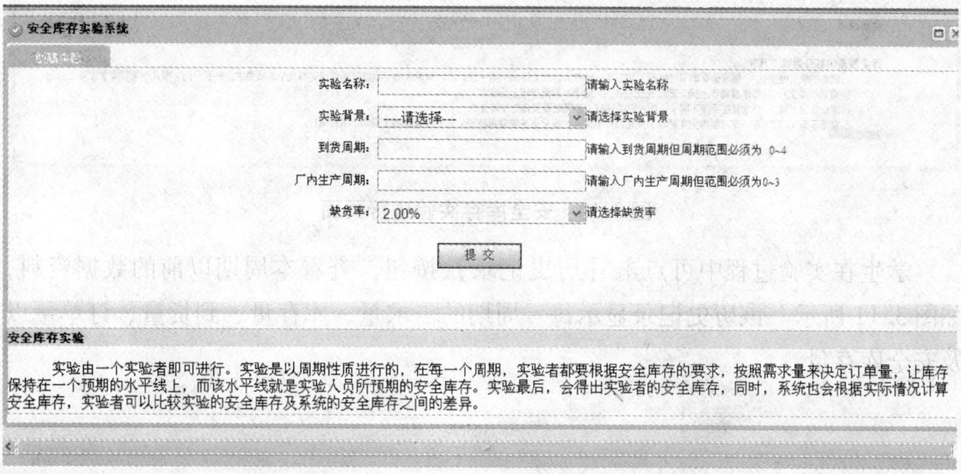

安全库存实验系统

实验名称：　请输入实验名称

实验背景：---请选择---　请选择实验背景

到货周期：　请输入到货周期但周期范围必须为 0~4

厂内生产周期：　请输入厂内生产周期但范围必须为0~3

缺货率：2.00%　请选择缺货率

提 交

安全库存实验

实验由一个实验者即可进行。实验是以周期性质进行的，在每一个周期，实验者都要根据安全库存的要求，按照需求量来决定订单量，让库存保持在一个预期的水平线上，而该水平线就是实验人员所预期的安全库存。实验最后，会得出实验者的安全库存，同时，系统也会根据实际情况计算安全库存，实验者可以比较实验的安全库存及系统的安全库存之间的差异。

图 3.9　安全库存实验创建页面

3.4.3　安全库存实验进行

学生登录系统，在实验列表中选择安全库存实验，点击【开始实验】按钮，显示页面如图3.10所示。该页面上方显示本次实验的基础信息，具体包括背景名称、实验周期、行业名称、背景企业名称、平均耗用量计算方法、行业性质特征、到货周期、厂内生产周期；页面中间左侧显示时间列表信息，右侧显示需求量、库存量以及到货量信息；页面下方是行业性质的特征说明；页面右上角红色标记数字表示当前实验周期。

在实验过程中，系统根据背景模型随机给出每周期的需求量，并在到达某周期时自动激活背景事件。这些事件将会影响实验者的决策。实验者需根据需求量、库存量、到货周期以及事件等相关因素来决定订购量。实验者确认订购量后，点击【发送】按钮，发送订单，发送完成后系统自动进入下一周期。

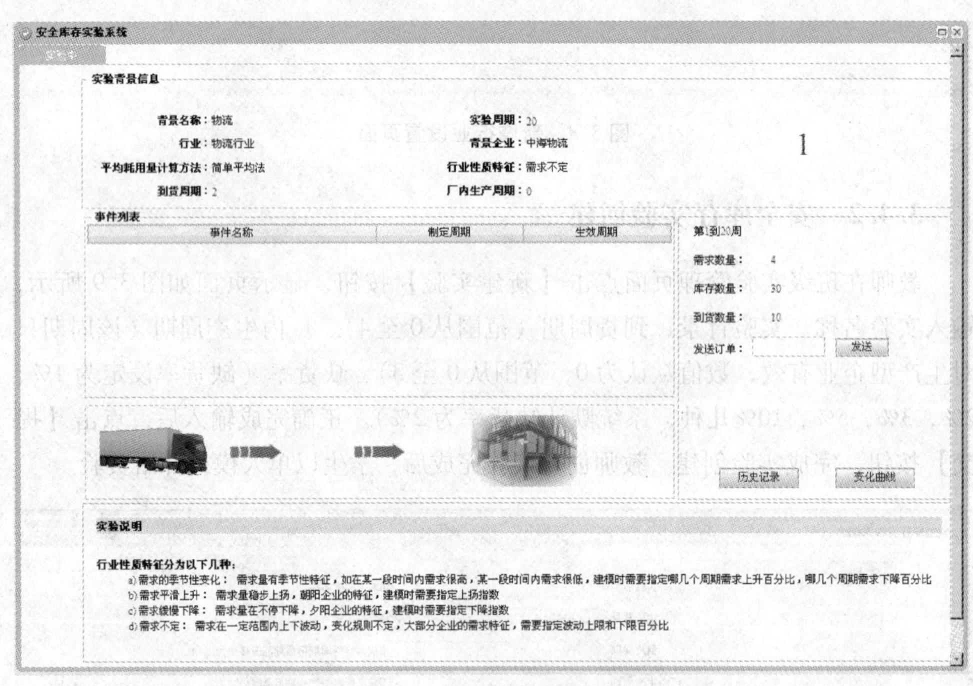

图3.10　安全库存实验进行页面

学生在实验过程中可点击【历史记录】按钮，查看本周期以前的数据资料，如图3.11所示。该历史记录显示每一周期的需求量、库存量、到货量、订单量以及安全库存量。

[历史记录]

周期	需求量	到货量	订单量	库存量	安全库存
1	4	10	32	30	10
2	2	10	23	36	7
3	1	10	2	44	5

图 3.11　安全库存实验历史记录页面

此外，在安全库存实验进行页面中，学生还可以点击【变化曲线图】按钮，查看实际库存和安全库存的对比曲线图，页面如图 3.12 所示。

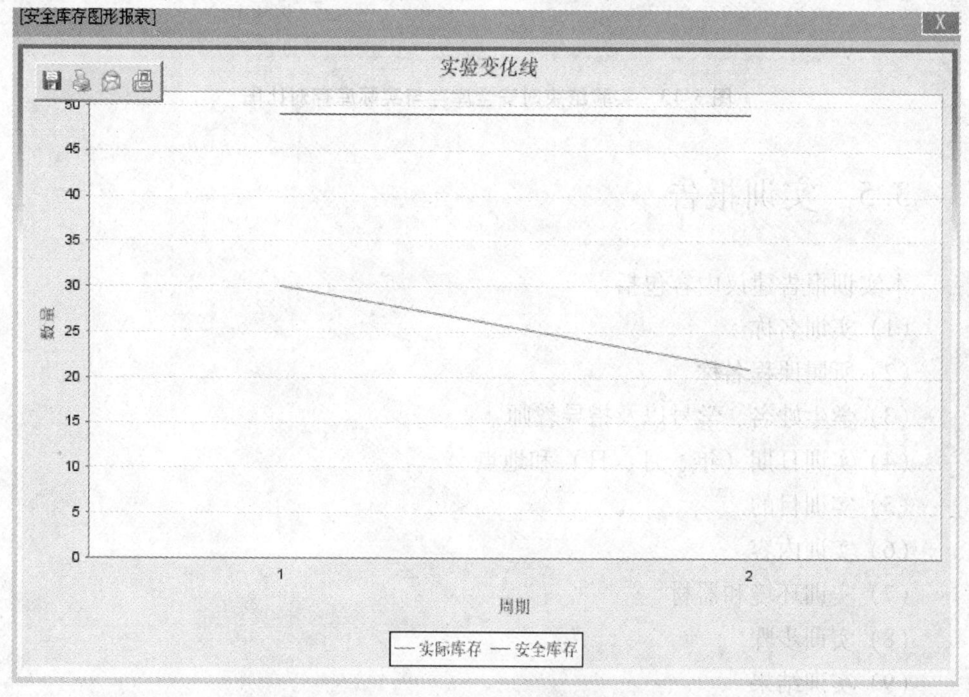

图 3.12　实际库存与安全库存对比图

3.4.4 安全库存实验结束

在所有周期完成后，安全库存实验结束。此时，学生可以查看所有周期的安全库存以及实际库存变化曲线，并比较安全库存与实际库存的差异，页面如图 3.13 所示。

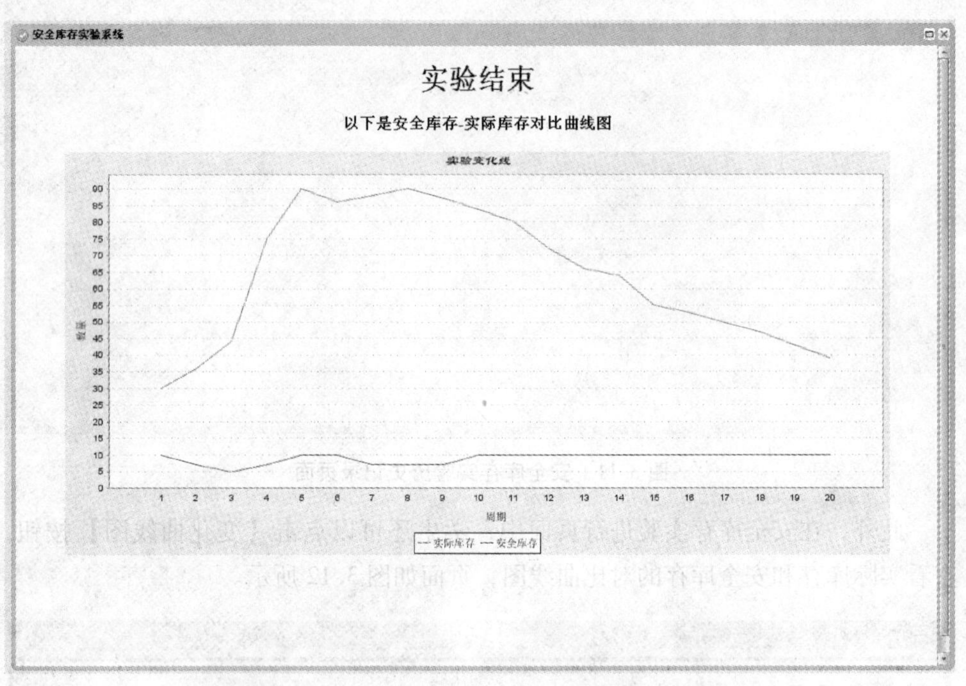

图 3.13 实验结束时安全库存与实际库存对比图

3.5 实训报告

本实训报告建议内容包括：

（1）实训名称

（2）所属课程名称

（3）学生姓名、学号以及指导教师

（4）实训日期（年、月、日）和地点

（5）实训目的

（6）实训内容

（7）实训环境和器材

（8）实训步骤

（9）实训结果

（10）实训总结

扩展阅读

可口可乐的"101"战术

从1980年正式进入中国市场到现在，可口可乐已将国内众多饮料企业远远抛在后面，甚至在国际市场上能与之一争高下的百事可乐，也只能甘拜下风。可口可乐产品2002年中国市场营业额为16.89亿元，在软饮料市场占有率达到48%。可口可乐在中国有三大合作伙伴——嘉里集团、太古集团和中粮集团，拥有分布在全国不同区域的装瓶厂共25家，加上即将投产的长沙和长春两个装瓶厂以及刚刚签下的湛江、兰州和重庆三个装瓶厂，可口可乐在中国的装瓶厂总数将很快达到30个。从地图上来看，其在中国的布局，算是基本完成了。

可口可乐在每个区域均有相应的销售中心，装瓶厂就选择建在中心城市。分布在不同区域的厂家所灌装的产品只能在各自划分的区域内销售。比如，广州厂负责广东省销售，杭州厂负责浙江省销售，严格禁止跨区销售，这是可口可乐建立销售运作模式的前提条件。在这个条件下，销售和物流分成了"销售中心"及"销售中心外"两种运作模式，占到总销量40%以上的销售中心城市，由装瓶厂直接负责销售。虽然可口可乐的物流全部交由第三方物流公司来运作，但在这些销售中心城市，公司还是保留了少数的自备车辆，为需要个性化服务的客户提供服务。比如，对游乐中心、家乐福这样的大卖场以及特别高档的酒店的配送，都由销售中心的装瓶厂直接完成，对库存也亲自管理。这种针对大客户终端的直销方式，大大提高了可口可乐的市场反应能力。属于销售中心外围的周边地区，则由分公司负责。这种营销和物流配送紧密联合在一起的模式，被可口可乐称作"101模式"。与其他公司一样，可口可乐的销售环节曾经也是通过一级批发商到二级批发商，再到终端客户。虽然那时公司也有业务代表随时保持与客户的沟通，但毕竟力度不够，很多情况下是将货发给一级批发商，就不再过问。在这种传统营销模式下，基本上是批发商自己寻找下线客户，拉来订单后向厂家要货，可口可乐只负责生产，并不清楚货物究竟被卖到哪个区域，也不了解市场分布情况。随着业务代表对市场的不断深入了解，可口可乐调整了营销策略，推出了"101"销售模式，将一部分批发商定义为"101"客户，省略二级批发商环节，直接面对零售终端。所谓"101"，即"1"——"一体结盟"（将批发商看成可口可乐公司的一部分），"0"——零售目标，"1"——"一瓶在手，欢乐无穷"。这些"101"客户，主要由大的批发商和原来的区域配送中心转变而来。转为"101"客户后，批发商们不再需要到处寻找客户，而可以"坐享其成"，由可口可乐公司的业务代表直接从终端拿到订单，交给"101"客户，再由"101"客户在最短时间内按订单将产品送到每一个终端客户。可口可乐的每个装瓶厂下都设置有二三十个分公司，比如，福建厂设在厦门，则漳州、福州等城市都会设有分

公司。每个分公司掌握几十家“101”客户，将他们按线路或区域划分，每家又面对几十个零售终端，如果某个区的零售终端比较多，“101”客户也相对增加。在终端密集的地方，一个镇、一个县就会分布一个“101”客户，即使像农村小店这样的终端，也都由“101”客户直接负责配送，中间再无批发商。这样下来，整个可口可乐系统就拥有了几万家“101”客户。针对每家“101”客户，可口可乐都为其配备一个或几个专业业务代表，他们每天去拜访自己负责区域内的零售店，以掌握对方的需求。这样一来，每个装瓶厂都能直接掌握几万家终端客户，业务代表们在拿到订单的同时，还可以随时向对方介绍新上市的产品和近期的促销政策，为下一步的销售做铺垫。借助几万个“101”客户和几十万个每天奔波在第一线的业务代表，可口可乐将触角伸到了全国每个角落，既牢牢地把握住终端客户，又与批发商和零售商形成联盟，整个销售网络越来越紧密。

可口可乐的新营销策略，优点不止表现在铺货上，在卸下了压在批发商肩上的订单重担的同时，整个系统的物流运作速度加快了。可口可乐产品出厂之后，由厂方用上百吨的大货车直接运往设在分公司的仓库，每个分公司再根据订单，借助当地第三方物流将货物运往每个“101”客户自己的小仓库，因为每个“101”客户所管辖的范围都比较小，配送方法又是多样化的，货车、三轮车、自行车，任何方式都可以采用，配送变得非常简单。如果哪家饭店在客人用餐时发现没货了，只要马上给“101”客户打个电话，5分钟后货就能送到，即使在一个比较大的销售区域，货物要求量特别巨大的时候，配送时间也不会超过6个小时。

可口可乐的库存不再是问题。在启用“101”模式之后，业务代表们掌握了每个终端客户的需求量和销量，对“101”客户每天卖掉多少货物、库存多少都一清二楚。每个分公司的系统都与总部联网，“101”客户每销售一瓶产品，总公司都可在第一时间看到，并及时通过第三方为其补充库存。除了销售汇集系统，可口可乐还建有销售预测系统，随时按照库存和销售情况，分析、制订需求与营运计划。总部预测中心统一协调各分公司库存。对于不同的“101”客户，系统会按照其平均每天销量的5~6倍，做出6天安全库存。这样一来，存货覆盖天数增加、周转率也提高了，装瓶厂根据订单及预测数据来生产，可口可乐整个供应链的运转也顺畅起来。

资料来源：谢乒. 可口可乐的“101”战术［EB/OL］.（2004-11-18）http://www.chinawuliu.com.cn/xsyj/200411/18/132666.shtml.

4 分拣方式对比实训

学习目的和任务

1. 掌握分拣的概念以及不同的分拣方式。

2. 对比摘果式分拣作业与播种式分拣作业的区别。

3. 理解分拣的重要作用。

4.1 实训目的

本次实训的目的是让学生掌握分拣的流程，深入理解分拣方式对企业效率的影响。

4.2 实训要求

实训前认真学习分拣的相关理论知识，做好实训前的准备。

实训中根据所学知识整理出实训的主要流程，认真完成各实训步骤并做好实训的相应记录。

实训结束后对实训结果进行分析总结，并撰写实训报告。

4.3 实训基础理论

4.3.1 分拣的概念

企业在配送过程中需要根据客户的要求，对物品进行拣选、加工、包装、分割、组配等作业，并按时送达指定地点。配送是物流中一种综合的活动形式，包含了物流中的若干功能要素，被称为“小物流”。订单拣选被认为是配送过程中最关键的作业之一，它是指配送中心依据客户的订单要求或配送计划，迅速、准确地将商品从其储位中拣取出来，并按一定的方式进行分类、集中的作业过程。作为收货、存储、包装、装运、订单处理和客户要求的汇合点，订单拣选对资源提出了较高要求，是各种仓储功能中最具客户敏感性的部分。在仓库直接劳动力预算中，订单拣选可能占40%~60%。因此，是否具有对订单拣选做出积极反应的能力，成为一项关键的经济成本和生产效率指标。对于多数公司来说，较高的仓库员工流动率是无法回避的现实，额外的成本不断产生在招聘和培训新员工上，准确率和操作效率通常也深受影响。为了把劳动力成本维持在较低水平，同时又使准确率和操作效率保持高标准，各大公司无疑需要选择合适的拣选技术。这对提高企业内部的物流管理水平和物流效率起到了举足轻重的作用，还能显著提高供应链效能，降低供应链成本，改善供应链服务质量，加速整个供应链发展。

4.3.2 分拣的方式

分拣方式一般有摘果式分拣方式、播种式分拣方式、复合分拣方式三种基本方法。

（1）摘果式分拣

摘果式分拣是指分拣人员按照订单所列商品及数量从每个仓位上挑选出物资，完成一次配货作业后，将配好的货物放置到指定场所，再进行下一次分拣作业。在摘果式分拣方式中，储物仓位相对固定，拣选人员或工具相对运动。一般是一次为一个客户进行配货作业，在搬运车容积许可而且配送商品不太复杂的情况下，也可以同时为两个以上的客户配货。摘果式分拣的特点是订单拣取作业方法简单，接到订单可立即拣货，作业前置时间短，作业人员责任明确，但当商品品项较多时，分拣人员行走路径长，拣取效率降低。

（2）播种式分拣

播种式分拣是指将需要配送的数量较多的同种物资集中搬运到发货区域，然后将每一货位所需的数量取出，分别放到每一货位处，直到配货完毕。在货物易于移动且需求量较大时，可以采用播种式分拣。播种式分拣的特点是可以缩短拣取商品时的行走时间，增加单位时间的拣货数量，同时，由于需要订单累计到一定数量时，才做一次性的处理，因此会产生停滞时间。

（3）复合分拣

为克服摘果式分拣和播种式分拣的缺点，配送中心也可以采取将摘果式分拣和播种式分拣组合起来的复合分拣方式。复合分拣是指根据订单的品种、数量及出库频率，确定哪些订单适用于摘果式分拣，哪些订单适用于播种式分拣，分别采取不同的拣货方式。

4.3.3 分拣的基本环节

分拣作业是配送中心作业的核心环节。从实际运作来看，分拣作业是在拣货信息的指导下，通过行走和搬运拣取货物，再按一定的方式将货物分类与集中。分拣作业的主要过程包括以下四个环节：

（1）分拣信息的产生

分拣作业必须在分拣信息的指导下才能完成。分拣信息来源于客户的订单或配送中心的送货单，因此，有些配送中心直接用客户的订单或配送中心的送货单作为人工分拣指示，即分拣人员直接凭订单或送货单拣取货物。这种信息传递方式无法准确标示所拣货物的储位，使分拣人员寻找货物时间和行走路径延长。国外大多数配送中心，一般先将订单等原始分拣信息经过处理后，转换成拣货单或电子分拣信号，指导分拣人员或自动拣取设备进行分拣作业，以提高作业效率和作业准确性。

（2）行走和搬运

分拣作业时，分拣人员或机器必须直接接触并拿取货物，因此形成分拣过程中的行走与货物的搬运。缩短行走和货物搬运距离是提高配送中心作业效率的关键。分拣人员可以步行或搭乘运载工具到达货物储存的位置，也可以由自动储存分拣系统完成。

（3）拣取

无论是人工或机械拣取货物，都必须首先确认被拣货物的品名、规格、数量等内容是否与分拣信息传递的指示一致。这些信息既可以通过人工目视读取，也可以利用无线传输终端机读取，后一种方式往往可以大幅度降低分拣的错误率。分拣信息被确认后，拣取的过程可以由人工或自动化设备完成。通常体积小、批量少、搬运重量在人力范围内且出货频率不是特别高的货物，可以采取手工方式拣取；对于体积大、重量大的货物可以利用升降叉车等搬运机械辅助作业；对于出货频率很高的货物可以采用自动分拣系统拣取。

（4）分类与集中

配送中心在收到多个客户的订单后，可以进行批量拣取，然后再根据不同的客户或送货路线分类集中，有些需要进行流通加工的商品还需根据加工方法进行分类，加工完毕再按一定方式分类出货。多品种分货的工艺过程较复杂，难度也大，容易发生错误，因此必须在统筹安排形成规模效应的基础上，提高作业的精确性。在物品体积小、重量轻的情况下，可以采取人力分货，也可以采取机械辅助作业，或利用自动分货机自动将拣取出来的货物进行分类与集中。分类完成后，货物经过查对、包装便可以出货与装运。

4.4 实训内容

4.4.1 拣选方式对比实验参数设置

教师登录系统，在班级实验管理页面中选择拣选方式对比实验系统，并点击【参数设置】按钮，进入参数设置页面，如图 4.1 所示。

图 4.1 拣选方式对比实验参数设置页面

4.4.1.1 仓库建模

教师在管理菜单列点击【仓库建模】按钮，显示页面如图 4.2 所示，输入货架排数（单位：个，参数限制 3~10 个）、走道宽度（单位：米，参数限制 1~3 米）、货架宽度（单位：米，参数限制 2~4 米）、仓位长度（单位：米，参数限制 1~3 米）、每个货架仓位数（单位：个，参数限制 4~10 个）、拣货区到第一排货架的长度（单位：米，参数限制 1~10 米）。正确输入基本信息后，点击【确定】按钮，保存仓库建模信息。

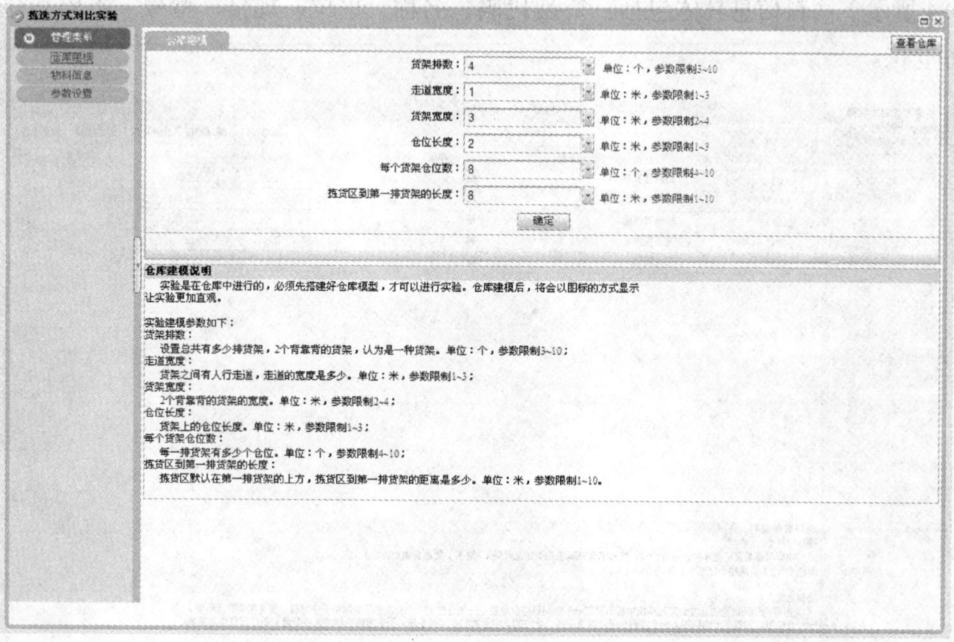

图 4.2　仓库建模页面

仓库建模完成后，教师可点击仓库建模页面右上角【查看仓库】按钮，预览仓库模型图，显示页面如图 4.3 所示。

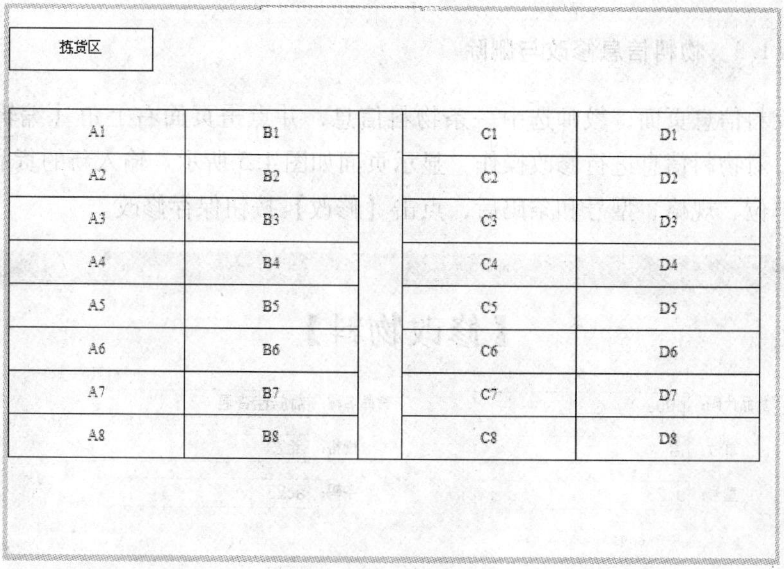

图 4.3　仓库模型图

4.4.1.2　物料信息管理

教师在管理菜单列点击【物料信息】按钮，进入物料信息管理页面，如图

4.4 所示。物料信息具体包括：货品代码、名称、单位、规格、型号、条码和存储仓位。

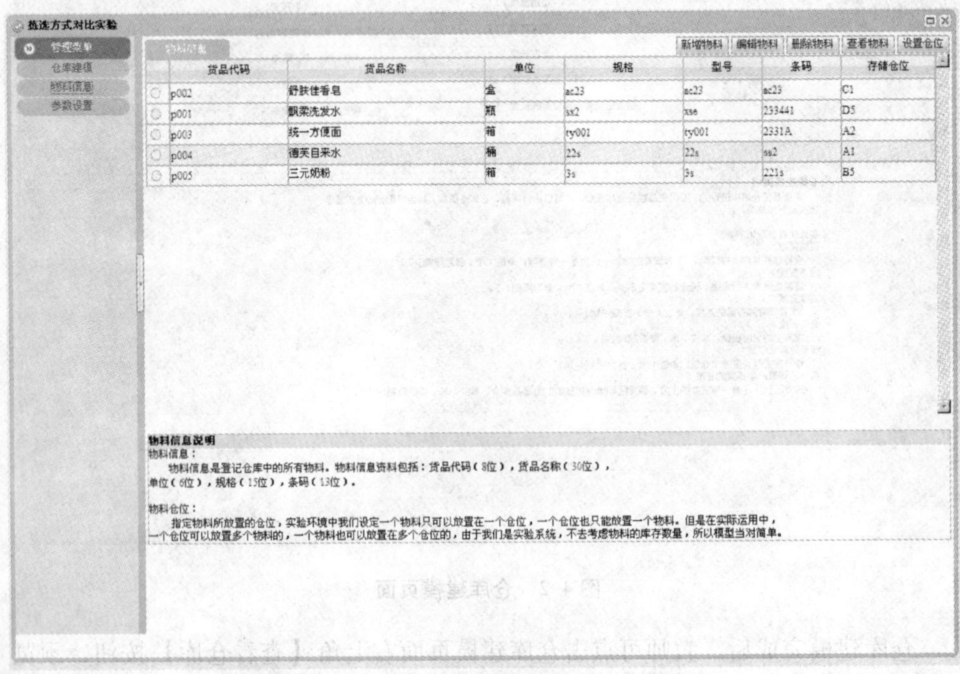

图 4.4　物料信息管理页面

4.4.1.3　物料信息修改与删除

在物料信息页面，教师选中一条物料信息，并点击页面右上角【编辑物料】按钮，可对物料信息进行修改操作，显示页面如图 4.5 所示。输入新的货品代码、名称、单位、规格、型号和条码后，点击【修改】按钮保存修改。

[修改物料信息]

【修改物料】

货品代码：p002　　货品名称：舒肤佳香皂

单位：盒　　规格：ac23

型号：ac23　　条码：ac23

修改　关闭

图 4.5　物料信息修改页面

在物料信息页面，教师选中一条物料信息，并点击页面右上角【删除物料】按钮，经系统提示，完成删除操作。

4.4.1.4 新增物料信息

教师在物料信息页面右上角点击【新增物料】按钮，弹出新增物料页面，如图 4.6 所示。输入新增货品代码、名称、单位、规格、型号和条码后，点击【保存】按钮，保存新增物料信息。

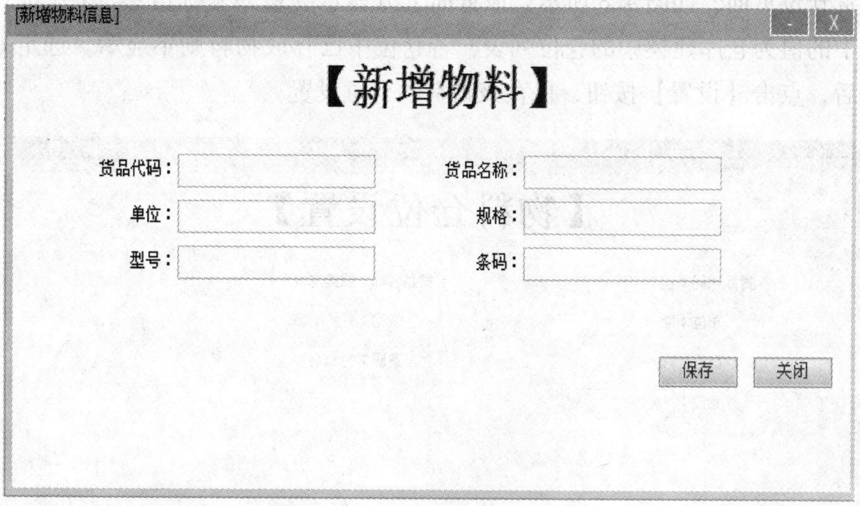

[新增物料信息]

【新增物料】

货品代码：		货品名称：	
单位：		规格：	
型号：		条码：	

保存 关闭

图 4.6 新增物料信息页面

4.4.1.5 物料信息查看

在物料信息页面，教师选中一条物料，并点击页面右上角【查看物料】按钮，显示页面如图 4.7 所示，可查看物料详细信息。

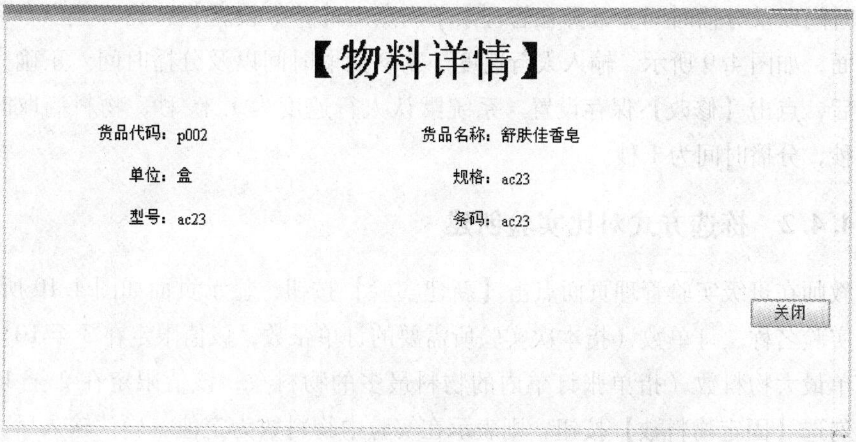

【物料详情】

货品代码：p002　　货品名称：舒肤佳香皂

单位：盒　　规格：ac23

型号：ac23　　条码：ac23

关闭

图 4.7 物料信息查看页面

4.4.1.6　物料仓位设置

物料仓位是指在模拟实验中物料所放置的货架仓位。在本实验中，假定一种物料只能放置在一个仓位内，并且一个仓位只能放置一种物料。在企业实际操作中，一个仓位可以放置多种物料，一种物料也可以放置在多个仓位内。由于我们是模拟实验，所以不考虑这种较为复杂的情况，只考虑一对一这种简单情况。

在物料信息页面，教师选中一种物料，并点击右上角【设置仓位】按钮，弹出设置仓位页面，如图4.8所示。该页面上方显示物料的基础信息，【仓位】下拉框中的值为仓库建模中的仓位列表，若仓位中已存放物料则不显示。选定一个仓位后，点击【设置】按钮，保存该物料的仓位设置。

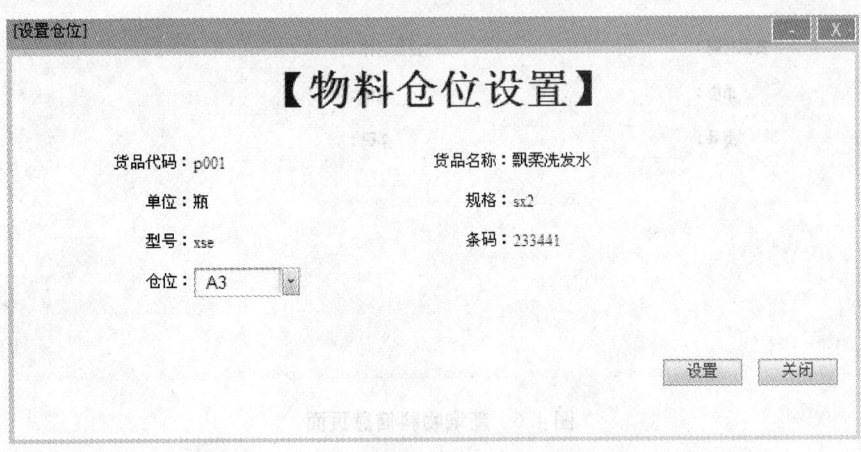

图4.8　物料仓位设置页面

4.4.1.7　实验参数设置

实验参数设置是指在实验过程中教师设置仓储人员拣货时的人行速度、物料摘取时间以及分播时间。教师在管理菜单列点击【参数设置】按钮，显示参数设置页面，如图4.9所示。输入人行速度、物料摘取时间以及分播时间。正确完成输入后，点击【修改】保存设置。系统默认人行速度为1米/秒，物料摘取时间为2秒，分播时间为1秒。

4.4.2　拣选方式对比实验创建

教师在班级实验管理页面点击【新建实验】按钮，显示页面如图4.10所示。输入实验名称、订单数（指本次实验所需要的订单张数，该值限定在3至10）以及订单最大物料数（指单张订单内的物料最多的物料数，该值限定在2至10）。如果勾选【固定物料数】按钮，则表示在实验中物料数为定值。确认输入后，点击【创建实验】按钮，完成拣选方式对比实验创建。

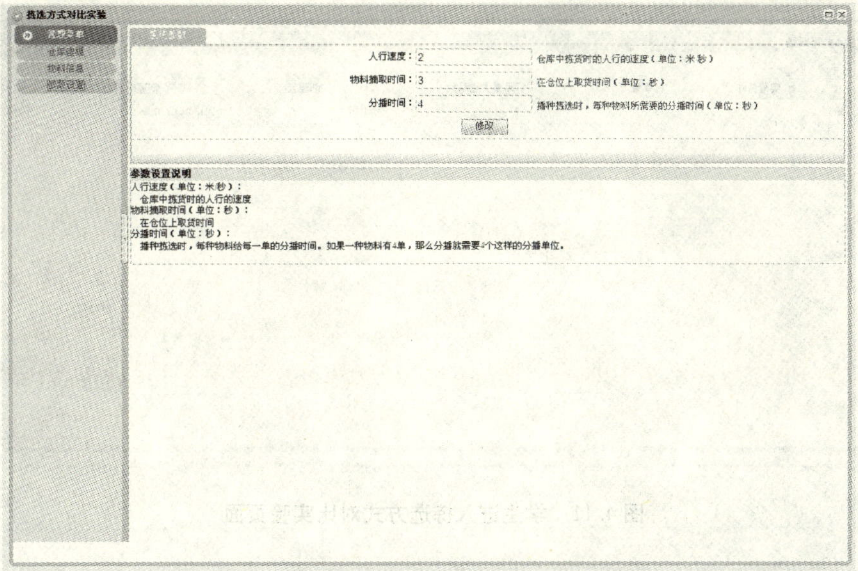

图 4.9　拣选方式对比实验基本参数设置页面

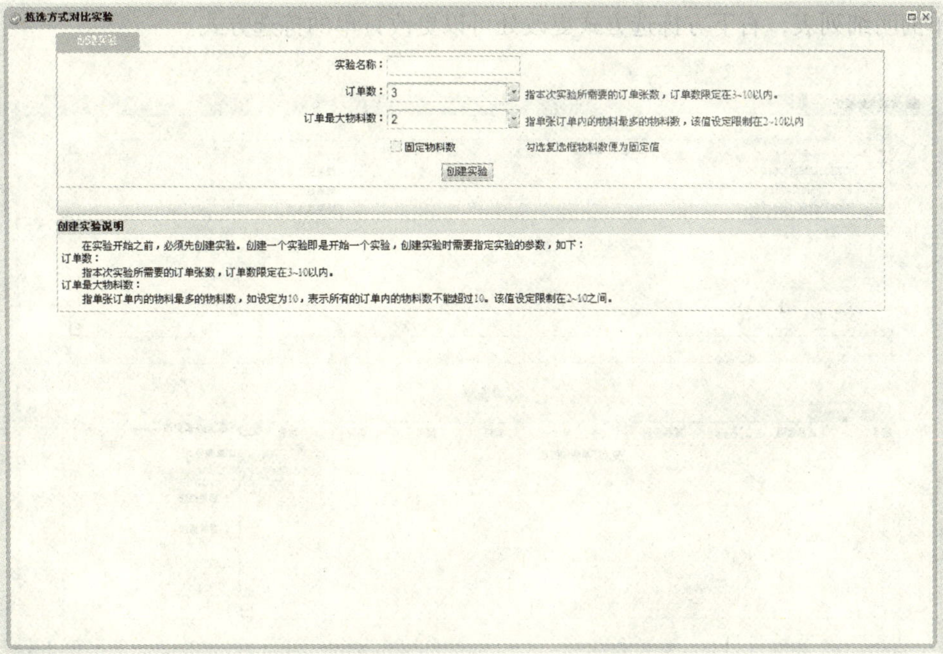

图 4.10　拣选方式对比实验创建页面

4.4.3　拣选方式对比实验进行

教师创建拣选方式对比实验完成后，学生登录系统，在实验列表中选择拣选方式对比实验，并点击【进入实验列表】按钮，显示页面如图 4.11 所示。该页面显示教师已创建好的拣选方式对比实验，学生选择一个实验加入。

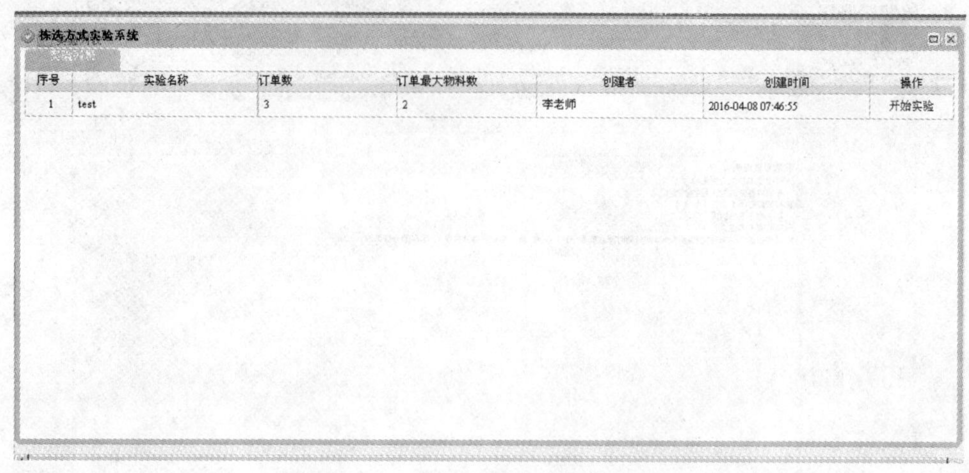

图 4.11　学生进入拣选方式对比实验页面

学生点击【开始实验】按钮，进入实验等待页面，如图 4.12 所示。该页面上方显示本次实验的订单信息，包括订单编号以及拣选方式；页面左下方显示订单的明细列表，右下方拣选方式更改处可以更改订单的拣选方式。

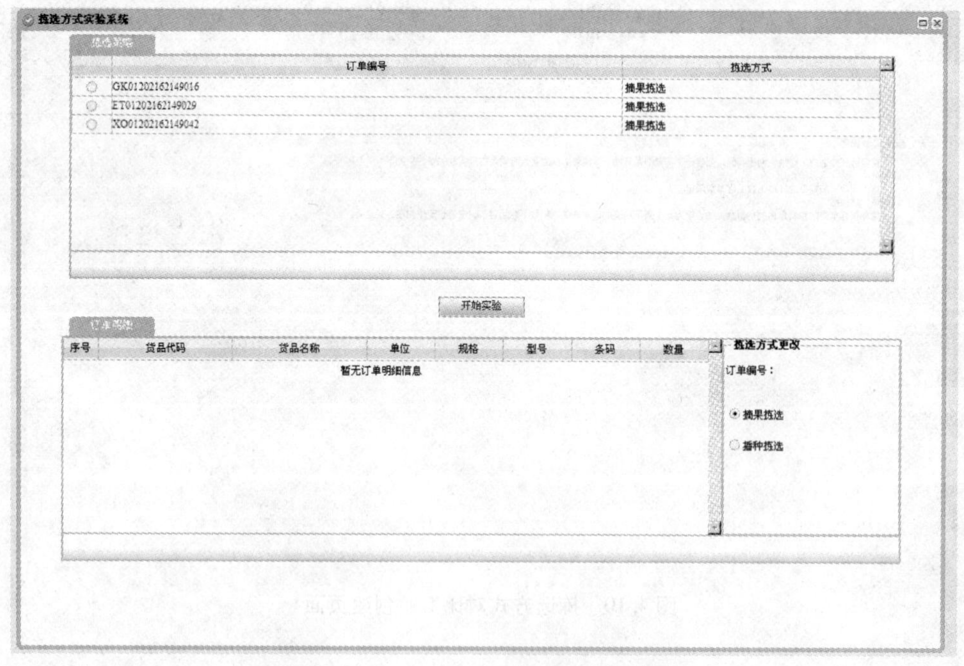

图 4.12　拣选方式对比实验等待页面

在实验等待页面，学生点击【开始实验】按钮，经系统确认后进入实验进行页面，如图 4.13 所示。该页面左上角显示系统信息和实验的基本参数信息，具体包括货架排数、走道宽度、货架宽度、仓位长度、每货架仓位数、人行速度等，下方显示订单的列表信息（黄色表示已完成，蜜柑色表示进行中）；页面下方显示所有订单的明细列表（黄色列表示已拣选完成）；页面右上方显示仓库模型图，红点标识该仓位的待拣选物料，鼠标悬停在红点上可查看该物料信息；页面下方显示拣选明细信息。

在拣选操作中，用鼠标点击仓库模型中的红点时，弹出提示菜单，点击拣选，同时红点变成灰色。所有红点变灰后，表示本次拣选完成。所有订单拣选完成后，拣选方式对比实验结束。

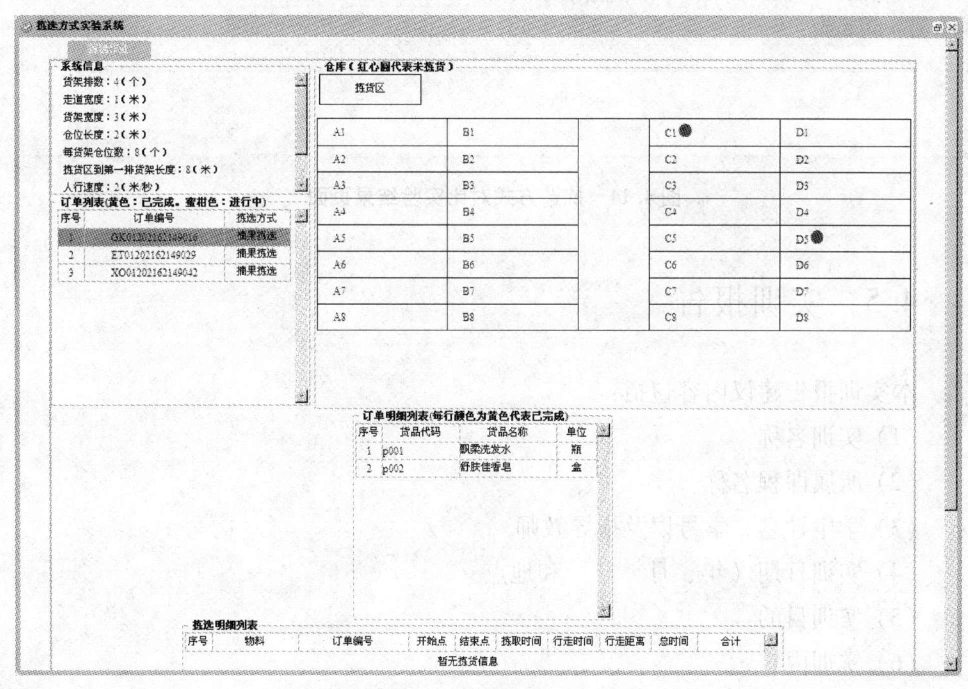

图 4.13　拣选方式对比实验进行页面

4.4.4　拣选方式对比实验结束

当拣选方式对比实验结束后，系统自动进行数据统计，给出实验者的拣选结果、系统建议的拣选策略以及该策略下的拣选结果，页面如图 4.14 所示。

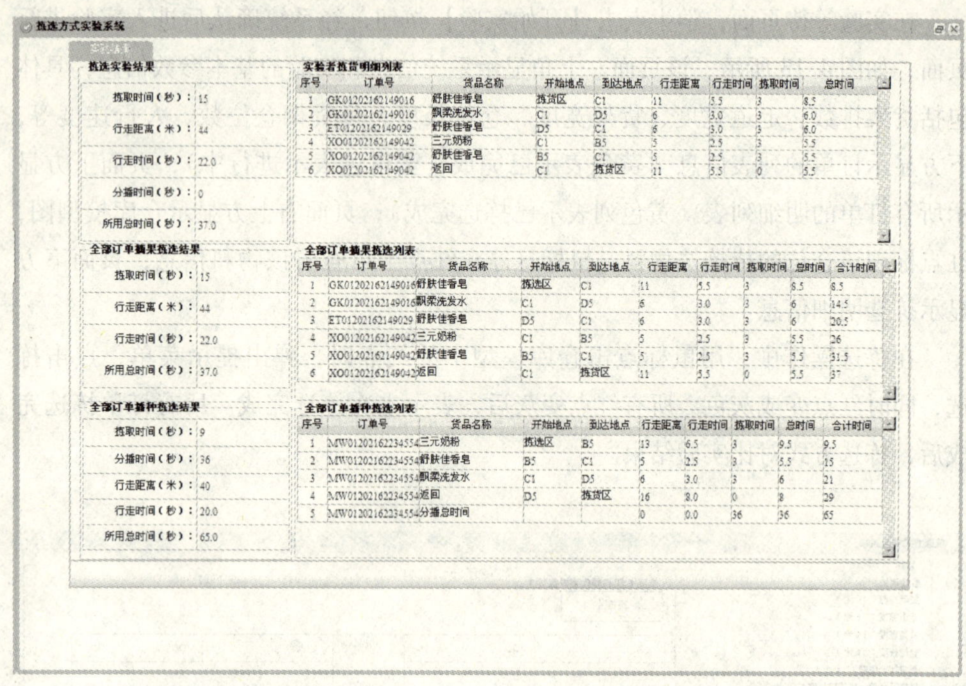

图 4.14　拣选方式对比实验结果页面

4.5　实训报告

本实训报告建议内容包括：

（1）实训名称

（2）所属课程名称

（3）学生姓名、学号以及指导教师

（4）实训日期（年、月、日）和地点

（5）实训目的

（6）实训内容

（7）实训环境和器材

（8）实训步骤

（9）实训结果

（10）实训总结

扩展阅读

顺丰：智能物流系统之自动分拣系统

顺丰在近年来的发展中，为了寻求企业更多的利润增长空间，不断延伸其产业链，开展多方的跨界合作。除此之外，顺丰也在不断加强基础快递产业的建设，将更多的精力投入快递行业中。可以说，现代企业的发展离不开技术水平的提高，此次顺丰在宁波建设大型仓储中转站，也将大大促进顺丰向机械化企业转型。采用机械化生产最直接最明显的优势就是将大大提高生产效率。现在包括顺丰在内的大部分民营快递企业还在采用人工扫描分拣入库的方式，如果采用机器分拣扫描入库将大大减少人力的投入。顺丰只需要详细制订好员工的工作计划，让员工能够更好地配合机器生产，这将减少顺丰在快件入库上的人力投资，从而获得更高的经济效益。

据悉，此次投入的机器可以完成小件 4 万件的工作量，对于顺丰来说，这将提高企业的生产效率。此次建设的大型仓储中转站已经接近完成，相信很快就会投入使用，这将进一步促进顺丰在快递行业中的发展，我们也希望顺丰能够给消费者带来更为优质的服务。

自动分拣系统是先进配送中心所必需的设施之一，具有很高的分拣效率，通常每小时可分拣商品 6 000~12 000 箱。可以说，自动分拣系统是提高物流配送效率的一项关键因素。自动分拣系统一般由控制装置、分类装置、输送装置及分拣道口组成。

（1）控制装置的作用是识别、接收和处理分拣信号，根据分拣信号的要求按商品品种、送达地点或货主类别对商品进行自动分类。这些分拣需求可以通过不同方式，如条形码扫描、键盘输入、重量检测、语音识别、高度检测及形状识别等方式，输入分拣控制系统。分拣控制系统根据对这些分拣信号的判断，决定某一种商品应该进入哪一个分拣道口。

（2）分类装置的作用是根据控制装置发出的分拣指示，当具有相同分拣信号的商品经过该装置时，改变其在输送装置上的运行方向，进入其他输送机或分拣道口。分类装置的种类很多，一般有推出式、浮出式、倾斜式和分支式几种。不同的装置对分拣货物的包装材料、包装重量、包装物底面的平滑程度等有不完全相同的要求。

（3）输送装置的主要组成部分是传送带或输送机，其主要作用是使待分拣商品通过控制装置和分类装置。输送装置的两侧通常连接若干分拣道口，使分好类的商品滑下主输送机（或主传送带）以便进行后续作业。

（4）分拣道口是已分拣商品脱离主输送机（或主传送带）进入集货区域的通道，一般由钢带、皮带、滚筒等组成滑道，使商品从主输送装置滑向集货站台，在那里由工作人员将该道口的所有商品集中后，或入库储存，或组配装车并进行配送作业。

以上四部分装置通过计算机网络联结在一起，配合人工控制及相应的人工处理环节构成一个完整的自动分拣系统。

自动分拣系统一般有以下特点：

（1）能连续、大批量地分拣货物。由于采用大生产中使用的流水线自动作业方式，自动分拣系统不受气候、时间、人的体力等限制，可以连续运行。自动分拣系统单位时间分拣件数多，可以连续运行100小时以上，每小时可分拣7 000件包装商品，如用人工分拣，则每小时只能分拣150件左右，同时分拣人员也不能在这种劳动强度下连续工作8小时。

（2）分拣误差率极低。自动分拣系统的分拣误差率大小主要取决于所输入分拣信息的准确性大小，这又取决于分拣信息的输入机制。如果采用人工键盘或语音识别方式输入，则误差率在3%以上；如采用条形码扫描输入，除非条形码的印刷本身有差错，否则不会出错。因此，目前自动分拣系统主要采用条形码技术来识别货物。

（3）分拣作业基本实现无人化。建立自动分拣系统的目的之一就是减少人员的使用，降低员工的劳动强度，提高人员的使用效率，因此自动分拣系统能最大限度地减少人员的使用，基本做到无人化。分拣作业本身并不需要使用人员，人员的使用仅局限于以下工作：

①送货车辆抵达自动分拣线的进货端时，由人工接货。

②由人工控制分拣系统的运行。

③分拣线末端由人工将分拣出来的货物进行装车。

④自动分拣系统的经营、管理与维护。

资料来源：顺丰：智能物流系统之自动分拣系统［EB/OL］.（2016-02-25）http://www.100ec.cn/detail--6314360.html.

5　物流服务水平与成本的效应背反实训

学习目的和任务

1. 理解物流服务水平的概念。
2. 掌握物流服务水平与成本的效应背反关系。

5.1　实训目的

本次实验的目的是让学生深刻理解物流服务水平与物流成本的效应背反，并且恰当处理两者之间的关系。

5.2　实训要求

实训前认真学习相关理论知识，做好实训前的准备。

实训中根据所学知识整理出实训的主要流程，认真完成各实训步骤并做好实训的相应记录。

实训结束后对实训结果进行分析总结，并撰写实训报告。

5.3　实训基础理论

5.3.1　物流服务的内涵

面对激烈的市场竞争，越来越多的企业开始关注客户服务，以客户的需求和利益为中心。作为客户服务主要构成部分的物流服务，则成为企业提升竞争力的关键。物流服务是企业为了满足客户的物流需求，开展一系列物流活动的结果。物流的本质是服务，它本身并不创造商品的形质效用，而是产生空间效用和时间效用。在日益激烈的市场竞争环境下，如何提升企业的物流服务水平，维持企业长期的竞争优势，已成为企业需要关注的重大课题。

对于不同的经营实体，物流服务有着不同的内容和要求。从工商企业的经营角度看，物流服务是企业物流系统的输出，是保证客户对商品可得性的过程。企业物流服务属于客户服务的范畴，是客户服务的主要构成部分。在这里，物流服务主要包括以下三个要素：

（1）有客户所期望的商品；

（2）在客户所期望的时间内传递商品；

（3）商品的质量符合客户的期望。

从提供物流服务的物流企业来看，物流服务就是企业的产品，其产品内容就是物流服务的内容。物流企业的服务要满足货主企业向其客户提供物流服务的需要，无论是在服务能力上，还是在服务质量上，都要以货主满意为目标。在能力上满足货主需求，主要表现在适量性、多批次、广泛性（场所分散）等方面；在质量上满足货主需求，主要表现在安全、准确、迅速、经济等方面。物流企业的服务市场来自工商企业的物流需求，因此，物流企业要提高自身的竞争力，开拓市场，首先要把握工商企业的物流需求内容和特征，将物流服务融入工商企业的物流系统当中，树立以货主为中心的服务理念。

5.3.2 提升物流服务水平的途径

由于企业物流服务水平的高低在很大程度上决定了企业竞争力的强弱，因此，如何提升物流服务水平，已成为企业迫切需要解决的问题。结合我国企业的实际情况，企业可以通过以下几个途径来提升物流服务水平：

（1）转变观念，树立客户至上的服务意识

物流服务水平的确定不应只站在供给的一方考虑，而应把握客户的要求，从产品导向转变为市场导向。由于产品导向型的物流服务是根据供方自身需要所决定的，因此难以适应客户的需求，容易造成服务水平设定失误，同时也无法根据市场环境的变化和竞争格局及时加以调整。而市场导向型的物流服务则是根据经营部门的信息和竞争企业的服务水平有针对性地制定的，因而更加接近客户的需求，并能对其及时进行控制。

（2）开发差别化物流服务

企业在确定物流服务要素和服务水准时，应当保证服务的差别化，即与其他企业物流服务相比具有鲜明的特色，这是保证高服务质量的基础，也是物流服务战略的重要特征。要实现这一点，就必须具有对比性的物流服务观念，即重视了解和收集竞争对手的物流服务信息。

（3）建立物流信息系统

为了谋求物流服务的高效率与高质量，必须建立一个能够迅速传递和处理物流信息的信息系统，这是物流服务的中枢神经和支持保障。利用电子化、网络化手段完成物流全过程的协调、控制，可实现从网络前端到终端客户的所有中间过程服务。

（4）借助外部资源，提高企业的物流服务水平

20世纪80年代以来，外包已成为商业领域中的一大趋势。企业越来越重视集中自己的主要资源于主业，而把辅助性功能外包给其他企业。发达国家的许多企业，已逐步将物流功能委托给外部的第三方物流公司。物流功能外包，对企业物流服务的质量和效率的提高，以及降低物流成本，产生了积极作用。

首先，外包能够降低企业的物流成本。物流成本通常被认为是企业经营中较高的成本之一。工商企业将物流业务外包给专业物流公司，由专业物流管理人员和技术人员充分利用专业化物流设备、设施和先进的信息系统，利用专业化物流运作经验，取得整体最佳的效果。企业可以不再保有仓库、车辆等物流设施和设备，对物流信息系统的投资也可转嫁给专业物流企业，从而可减少投资和物流运营成本。

其次，外包能够使企业获得良好的服务。专业物流企业在帮助企业提高自身客户服务水平上，有其独到之处。专业物流企业利用信息网络，加快订单处理速度，缩短从订货到交货的时间，进行门对门运输，实现货物的快速交付，提高客户满意度。同时，其通过先进的信息和通信技术，加强对在途货物的监控，及时发现、处理配送过程中的意外事件，保证货物及时、安全送达目的地。另外，产品的售后服务、退货处理、废弃物回收等工作也可由专业物流企业来承担。

5.3.3 物流服务水平与成本的效应背反

“效应背反”又称“二律背反”，是指系统中某一要素的利润增加，必然使系统中另一个或几个要素的利益损失，反之亦然，此消彼长、此盈彼亏。效应背反是物流过程中的普遍现象。物流成本与服务水平是一种此消彼长的关系，“鱼和熊掌不能兼得”。提高物流服务水平的同时也意味着成本费用的上升，物流企业应在较低的费用与顾客满意的服务之间进行抉择，大力改善物流管理，提升服务质量，降低价格，吸引新的顾客，增强企业竞争力。两者的关系符合收益递减原则：当物流服务处于较低水平时追加一定的物流成本，物流服务水平会有一个较大幅度的提升，而当物流服务处于较高水平时，即使追加同样多的物流成本，物流服务水平的提升也达不到原来的幅度。由此可见，投入相同的成本并不一定得到相同的物流服务水平的增长，因此企业在进行物流服务水平与物流成本决策时必须经过仔细研究和对比。

5.4 实训内容

5.4.1 物流服务水平对成本影响实验参数设置

教师登录系统，在班级实验管理页面勾选物流服务水平对成本影响实验系统，并点击页面右侧【参数设置】按钮，进入物流服务水平对成本影响参数设置页面，如图 5.1 所示。

图 5.1 物流服务水平对成本影响实验参数设置页面

5.4.1.1 自定义模型设置

在物流服务水平对成本影响实验中，需要建立一个行业模型，让实验在该行业下进行。该行业模型可以通过自定义模型加以定义。自定义模型是教师从某些渠道获得实验数据或者某个行业的运作数据，并根据这些数据在系统中建立的模型。教师在系统设置列点击【自定义模型】按钮，显示自定义模型页面，如图 5.2 所示。选定一个行业后，页面下方则显示该行业的自定义数据，具体包括服务水平、成本、收益以及利润。

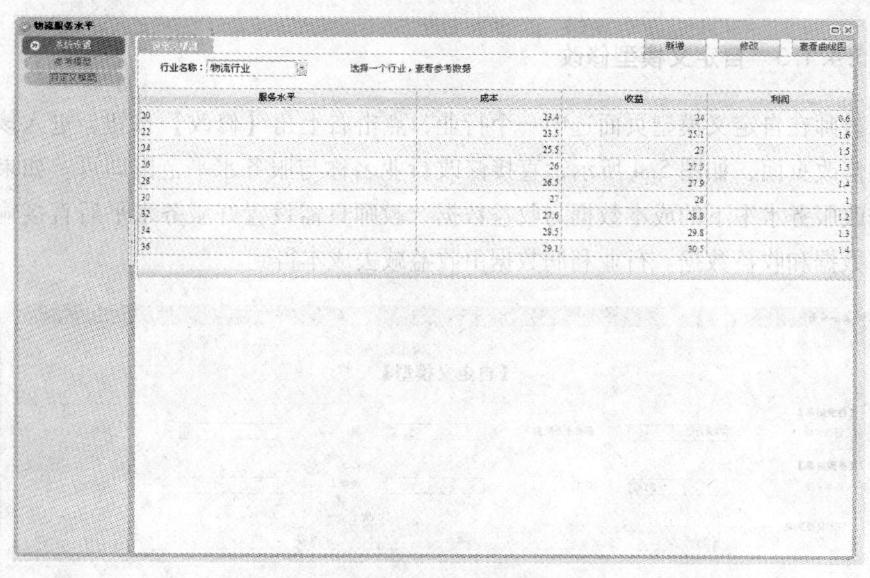

服务水平	成本	收益	利润
20	23.4	24	0.6
22	23.5	25.1	1.6
24	25.5	27	1.5
26	26	27.5	1.5
28	26.5	27.9	1.4
30	27	28	1
32	27.6	28.8	1.2
34	28.5	29.8	1.3
36	29.1	30.5	1.4

图 5.2　自定义模型页面

5.4.1.2　新增自定义模型

在自定义模型页面，教师点击右上角【新增】按钮，进入新增自定义模型页面，如图 5.3 所示。新增自定义模型要求输入行业信息与参数数据。行业信息包括行业名称与服务水平范围，正确完成输入后，点击【保存】按钮，保存行业信息。行业信息保存成功后，在页面下方参数数据栏中输入相应数据，具体包括服务水平、成本以及收益，每完成一条，点击【添加】按钮，保存数据，输入的参数数据将在下方列表中显示。

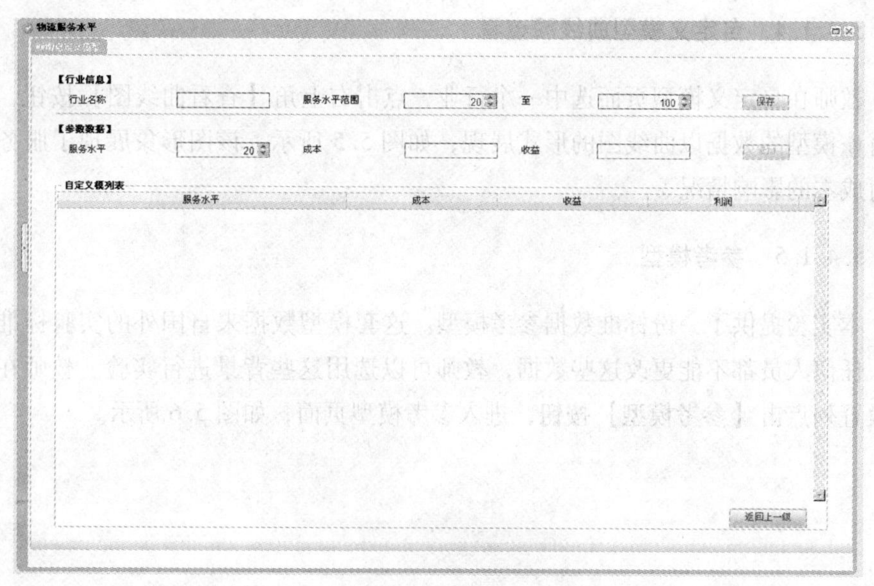

图 5.3　新增自定义模型页面

5.4.1.3　自定义模型修改

教师在自定义模型页面选中一个行业，点击右上角【修改】按钮，进入该行业的修改页面，如图 5.4 所示，直接修改行业名称与服务水平范围即可。如果需要修改服务水平下的成本数据与收益数据，教师只需设置好服务水平后直接输入成本数据和收益数据。行业利润数据由收益减去成本得到。

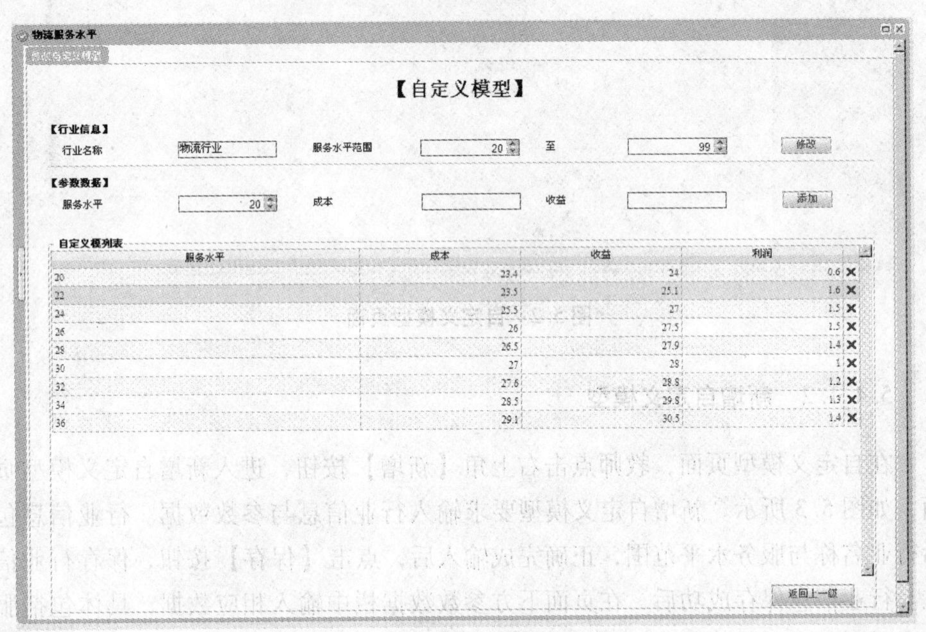

图 5.4　自定义模型修改页面

5.4.1.4　自定义模型曲线图查看

教师在自定义模型页面选中一个行业，点击右上角【查看曲线图】按钮，系统将该模型的数据以曲线图的形式展现，如图 5.5 所示。该图形象展现了服务水平对成本的影响情况。

5.4.1.5　参考模型

本实验提供了一份标准数据参考模型。这套模型数据来自国外的实验标准数据，任何人员都不能更改这些数据，教师可以选用这些背景进行实验。教师在系统设置列点击【参考模型】按钮，进入参考模型页面，如图 5.6 所示。

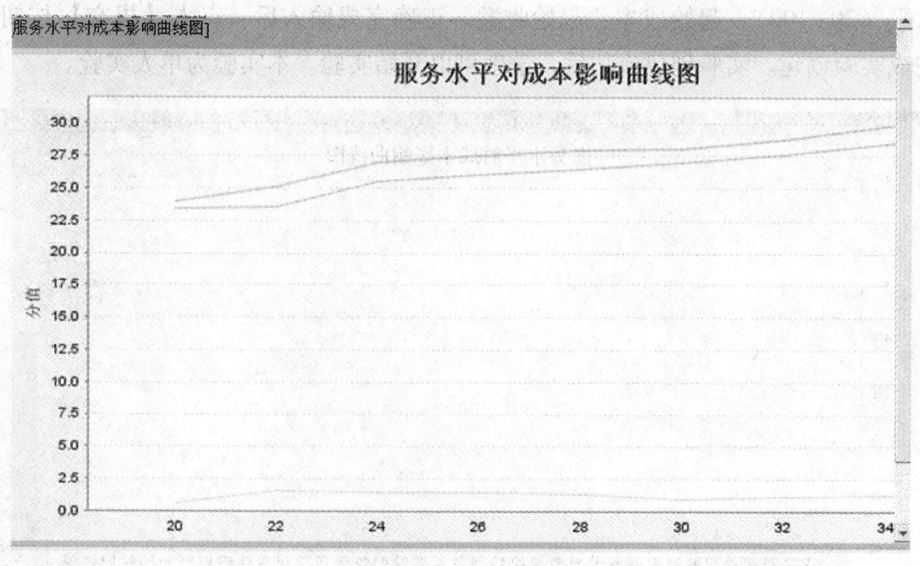

图 5.5　物流服务水平对成本影响曲线图

物流服务水平

系统设置
参考模型
自定义模型

参考模型　　查看曲线图

行业名称：运输行业　　选择一个行业，查看参考数据

服务水平	成本	收益	利润
20	10	40	30
22	10.2	42	31.8
24	10.5	44	33.5
26	10.9	46.2	35.3
28	11.4	48.4	37
30	12	51	39
32	12.7	53.8	41.1
34	13.5	56.6	43.1
36	14.4	59.6	45.2
38	15.4	62.8	47.4
40	16.5	65	48.5
42	17.7	68.4	50.7
44	19	71.8	52.8
46	20.4	75.4	55

图 5.6　参考模型页面

点击【查看曲线图】，可以看到参考模型中服务水平对成本影响曲线图，如图 5.7 所示。

5.4.2　物流服务水平对成本影响实验创建

教师在班级实验管理页面点击【新建实验】按钮，进入物流服务水平对成本影响实验创建页面，如图 5.8 所示。教师需要指定一个行业背景，使得本次实验在该行业中进行。行业背景选择好之后，输入实验名称、创建者名称、起始服务水平（20~100）、起始成本、起始收益。正确完成输入后，点击【提交】按钮，完成实验创建。实验创建成功后，学生可以开始实验。本实验为单人实验。

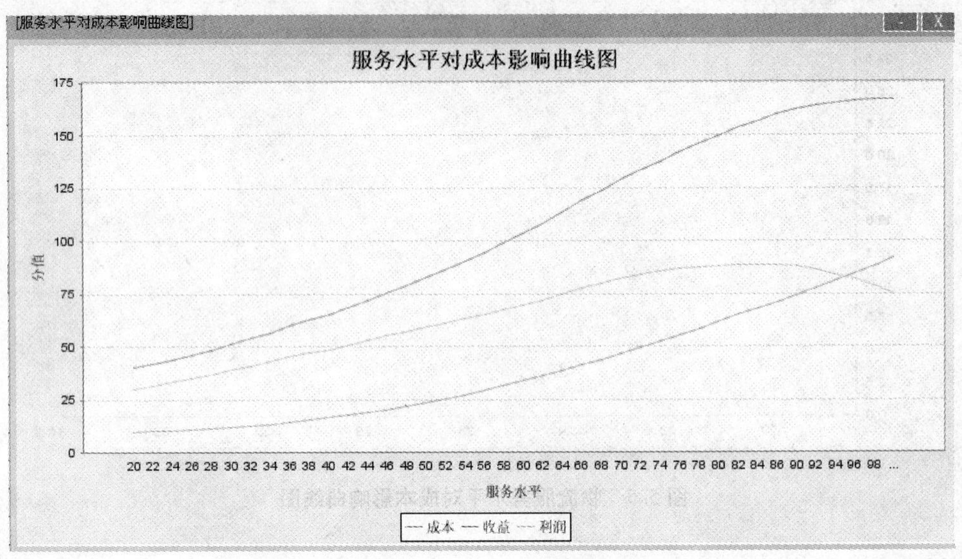

图 5.7　参考模型中服务水平对成本影响曲线图

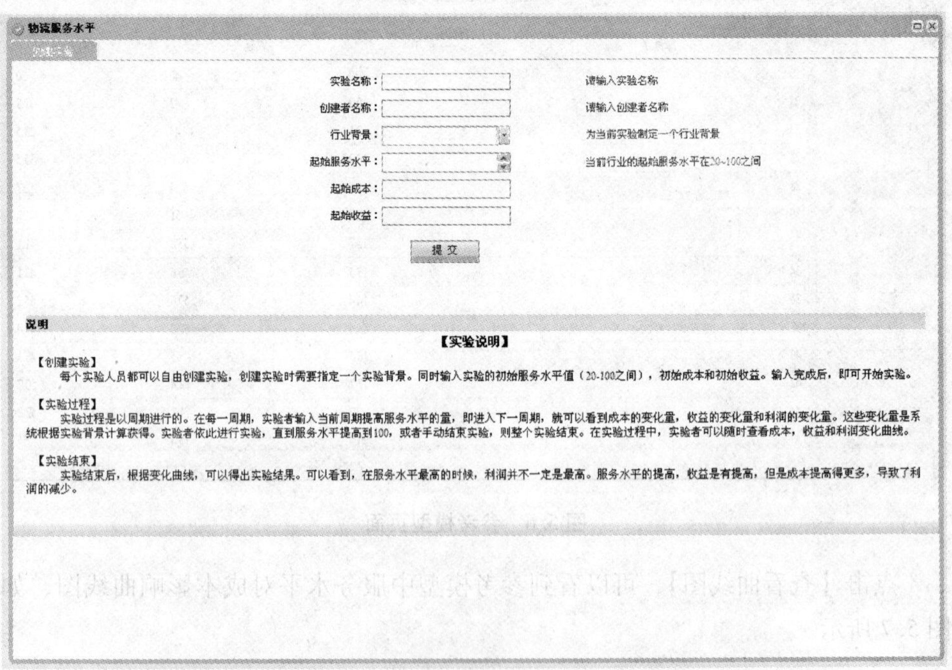

图 5.8　物流服务水平对成本影响实验创建页面

5.4.3　物流服务水平对成本影响实验进行

学生登录系统，在实验列表页面选择物流服务水平对成本影响实验，并点击右侧【进入实验列表】按钮，显示页面如图 5.9 所示。该页面显示教师已创建好的物流服务水平与成本的效应背反实验，学生勾选一个实验，点击【加入实验】，进入实验进行页面，如图 5. 10 所示。该页面上方显示实验初始信息，具体包括行业背景、起始服务水平、起始成本与起始收益，下方显示实验过程信息，其中左下方显示上一周期的服务水平、成本、收益和利润数据，右下方显示本周期提高服务水平后的预期数据，系统根据提高的服务水平数据和行业模型的数据计算出成本、收益和利润的数值。在实验进行过程中，每周期的服务水平至少提高一个百分点。当服务水平提高到最高值时，实验自动结束。

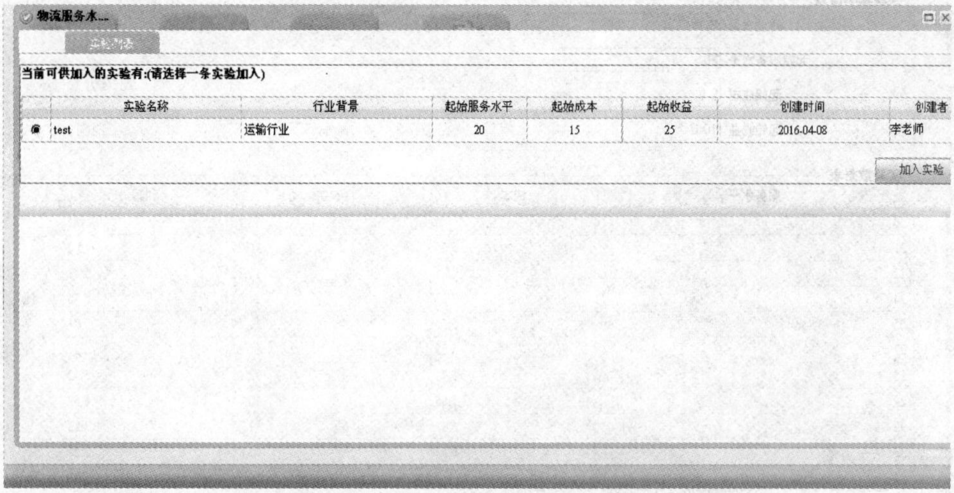

图 5. 9　学生进入物流服务水平对成本影响实验页面

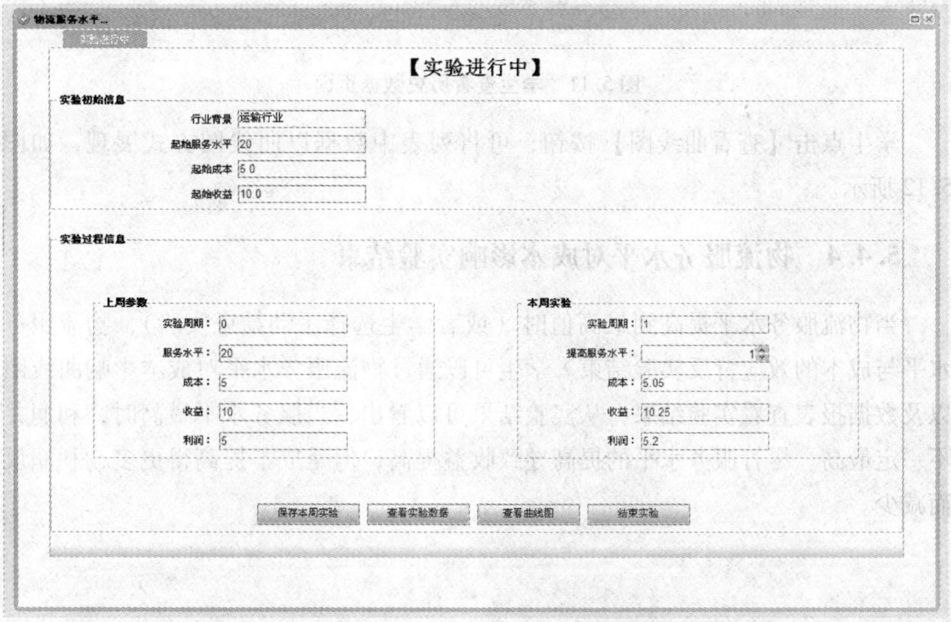

图 5. 10　物流服务水平对成本影响实验进行页面

本实验以周期为单位进行。在每一周期，学生输入当前周期提高服务水平的数量，并点击【保存本周实验】按钮，就可以看到成本、收益和利润的变化情况。这些变化情况是系统根据实验背景自动计算得来的。学生依此进行实验，直到服务水平提高到最高值，或者手动结束实验。

在本实验过程中，学生可以随时查看服务水平提高后，成本、收益和利润变化曲线。学生点击【查看实验数据】按钮，可查看本周期之前的历史数据列表，如图 5.11 所示。

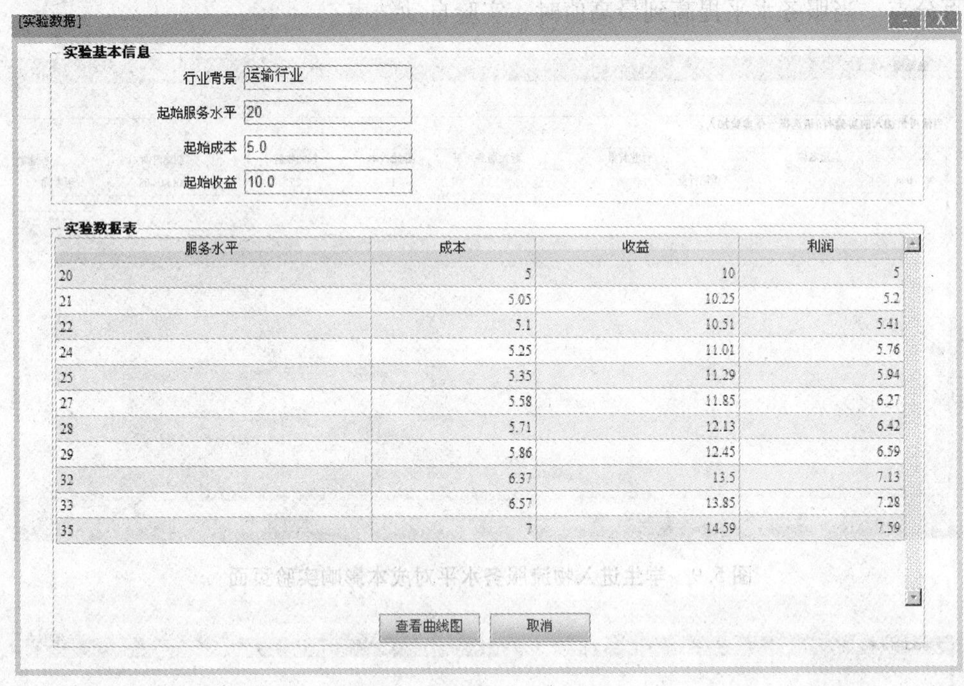

服务水平	成本	收益	利润
20	5	10	5
21	5.05	10.25	5.2
22	5.1	10.51	5.41
24	5.25	11.01	5.76
25	5.35	11.29	5.94
27	5.58	11.85	6.27
28	5.71	12.13	6.42
29	5.86	12.45	6.59
32	6.37	13.5	7.13
33	6.57	13.85	7.28
35	7	14.59	7.59

图 5.11　学生查看历史数据页面

学生点击【查看曲线图】按钮，可将列表中数据以曲线图方式展现，如图 5.12 所示。

5.4.4　物流服务水平对成本影响实验结束

当物流服务水平提高到最高值时（或者学生选择手动结束实验），物流服务水平与成本的效应背反实验结束。学生可以通过物流服务水平对成本影响曲线图以及数据报表查看实验结果。从实验结果可以看出，当服务水平最高时，利润并不一定最高。尽管服务水平的提高导致收益提高，但是成本提高得更多，利润反而减少。

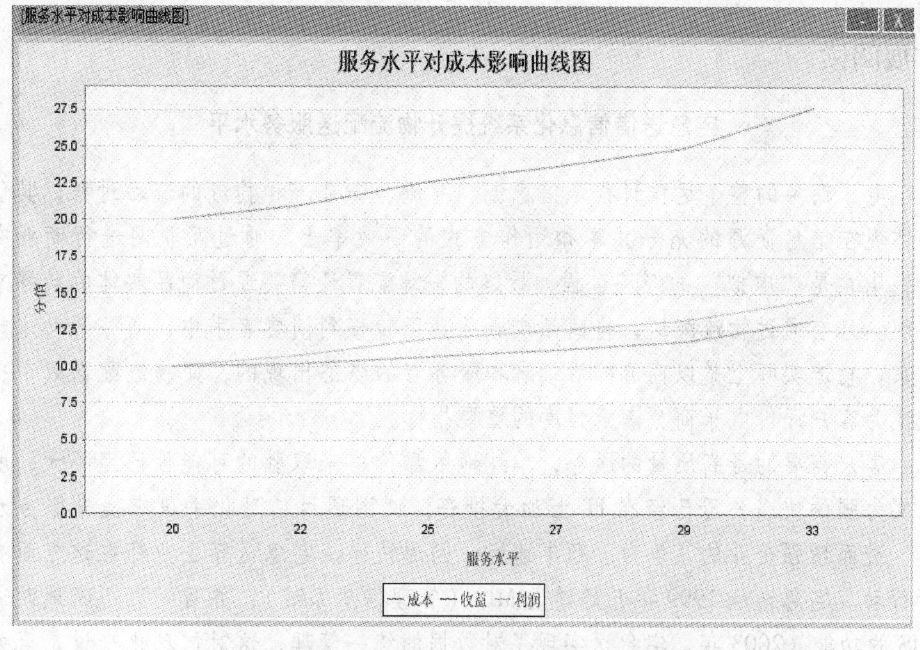

图 5.12　学生查看服务水平对成本影响曲线图页面

5.5　实训报告

本实训报告建议内容包括：

(1) 实训名称

(2) 所属课程名称

(3) 学生姓名、学号以及指导教师

(4) 实训日期（年、月、日）和地点

(5) 实训目的

(6) 实训内容

(7) 实训环境和器材

(8) 实训步骤

(9) 实训结果

(10) 实训总结

扩展阅读

宅急送借信息化系统提升物流配送服务水平

电子商务的整个运作过程是信息流、商流、资金流和物流的流动过程，其优势体现在信息资源的充分共享和运作方式的高效率上。通过互联网进行商业交易，毕竟是“虚拟”的经济过程，最终的资源配置还需要通过商品实体的转移来实现。只有通过物流配送，将商品或服务真正转移到消费者手中，商务活动才能结束。物流实际上是以商流的后续者和服务者的姿态出现的，而物流配送效率也就成为客户评价电子商务满意程度的重要指标。

客户需要的是高质量的服务，单纯地依靠价格来取胜的可能性已经不大，所以实力强的快递公司已经在 IT 上加大投资，试图通过信息化手段来提升服务水平，进而增强企业的竞争力。顺丰速运、圆通快递、宅急送等企业都在这方面有所行动。宅急送从 1999 年开始建设 MIS（管理信息系统），并且一直不断地改进 MIS 的功能。2003 年，宅急送实现了对数据的统一管理，这对信息化来说是至关重要的。2004 年，宅急送使用了条码采集器。2005 年，宅急送自主开发了很多信息化系统，比如采购系统、路由系统、CRM（客户关系管理）、仓储管理系统、业务管理系统、OA（办公自动化）、宅急送的商务网站、短信平台等。

宅急送目前的业务操作系统是由原来的 MIS 发展而来的，是实现宅急送业务的核心信息化系统，它包含受理、包装、调度、物流、进出港等子系统以及与业务相关的系统。在受理的过程中，呼叫中心的工作人员将用户的需求信息录入系统，同时，发送一条短信给相应的小件员，小件员根据地址去取件。工作人员在最短的时间内通知小件员需要处理的快件，以便于小件员统筹安排自己的工作。调度通过发送调度令，指挥司机去相应的地点取货、送货。目前宅急送所有的物流都是由调度指挥完成的。货物被司机取回后，送到分拣中心。在分拣的过程中，工作人员通过数据采集器扫描快递单上的条码进行入库操作，该条码上储存了货物的送达目的、重量、包装、规格等信息，在出库时扫描该条码就能确定该货品要送到的目的地等信息，方便分配和运送。

信息系统的使用大大提高了信息采集、录入的速度和准确性。在信息化实施之前，当司机取回客户委托的物品时，必须核实司机手中的单据，并录入公司业务系统，这时就会产生瓶颈——入库补录。司机经常需要排队等待录入，这段时间虽然司机可能还有货物需要发送或者收取，但是他只能等待录入完成才能离开。现在这个问题已经通过信息手段解决了。宅急送早在 2006 年就采用了 PDA 和 GPRS 技术，司机在运货的途中，利用手持终端 PDA 录入货物信息，并通过 GPRS 传到公司业务系统，完成补录人员的录入工作。目前宅急送的部分司机和小件员随身携带 PDA，大大方便了信息的录入和查询。

宅急送除了零散客户之外，还有一些合作伙伴，比如新蛋网等。如何对这些客户的订单做出快速反应？宅急送有一个COM系统，即客户对接系统，它可以把信息从宅急送的合作伙伴的系统里对接过来。当有客户在新蛋网上下了订单，需要宅急送运送商品时，客户的订单信息就会自动对接到COM系统里，这大大简化了系统的流程，并且宅急送在最短的时间内接到客户的配送需求，提高了工作效率。另外，宅急送的网站也是为客户提供方便的信息化系统之一，客户在网站上输入快递单的条码，就可以查询该快件的状态。有的客户希望看到对方的签字，再付款，宅急送就把快递单的签字扫描放到宅急送的网站上，只要输入快递单号，就可以查询。目前大部分快递单的签字图片在宅急送的网上都能找到。

宅急送的信息化系统除了财务系统是采购的以外，其他系统都是根据自身业务需求自主开发的。但是随着企业的不断发展，原来的系统已经不能满足业务需求了。宅急送开始寻求专业的IT厂商共同开发系统，并与IBM和用友签订了合约。为防止货物丢失，宅急送在干线的运货车上安装了全程监控设备，对车辆进行实时跟踪定位，结合条形码技术的应用可以实现对车辆和货物的动态信息追踪和管理。这些信息被及时上传到互联网上，大大增加了公司业务的透明度，为客户提供更准确、更快速的信息服务。而对于贵重物品，为了保证其安全性，不管这些物品是从哪个结点进出仓库，宅急送都对它们进行单独包装和专门操作。贵重物品入库时要检查包装情况，有专门的交接单。

资料来源：中国电子商务研究中心. 宅急送信息化系统提升物流配送服务水平［EB/OL］.（2011-11-10）http://www.chinawuliu.com.cn/information/201110/10/169272.shtml.

6 扭亏为盈实训

学习目的和任务

1. 了解外部竞争环境对企业的影响。

2. 掌握提升企业利润的方式与实际操作过程。

6.1 实训目的

本次实训的目的是让学生深入理解当前企业面临的市场竞争环境以及竞争对企业经营决策的影响，并且通过实验的模拟过程，让学生掌握提升企业利润的方式以及实际操作过程。

6.2 实训要求

实训前认真学习相关理论知识，做好实训前的准备。

实训中根据所学知识整理出实训的主要流程，认真完成各实训步骤并做好实训的相应记录。

实训结束后，对实训结果进行分析总结，并撰写实训报告。

6.3 实训基础理论

6.3.1 现代市场竞争环境的特点

20 世纪 90 年代以来，随着科学技术的不断进步、经济的不断发展、全球化信息网络和全球化市场的形成，围绕新产品的市场竞争日趋激烈。技术进步和需求多样化使得产品生命周期不断缩短，企业面临着开发新产品、缩短交货期、提高产品质量、降低生产成本和改进客户服务的压力。这些压力归根到底是要求企业对市场做出快速反应，源源不断地开发出满足消费者个性需要的个性化产品去占领市场以赢得竞争。21 世纪全球市场竞争环境有以下几个特点：

（1）信息技术飞速发展，信息资源利用要求提高

信息技术的发展，打破了时间和空间对经济活动的限制，为国家、企业间经济关系的发展提供了新的手段和条件。网络通信、数据库、标准化等技术使得各种信息能够很快超越国家和个人的界限，在世界范围内有效地传递和共享。人们可以超越时空地进行交流，任何一个企业都可以从网上得到自己所需要的各种信息。

（2）产品研发提升到企业竞争的重要地位

高新技术的迅猛发展提高了生产效率，缩短了产品更新换代周期，使市场竞争加剧。例如，当今的移动电话、计算机几乎是一上市就已经过时，让消费者应接不暇。所有的公司都面临着不断开发新产品、淘汰旧产品的挑战。

（3）全球化市场的建立和无国界竞争的加剧

随着 IT 技术的发展，特别是互联网技术的出现与广泛应用，全球经济一体化的进程加快。无国界化企业经营的趋势愈来愈明显，整个市场竞争呈现出明显的国际化和一体化的特点。据联合国有关部门估计，跨国公司的销售额已占全球贸易额的 75%，占全球技术贸易的 80%。

（4）用户个性化、多样化需求出现

随着时代的发展、大众知识水平的提高和竞争的日益激烈，市场上的产品越来越多，越来越好。用户的要求和期望值越来越高，消费者的价值观发生了显著变化。消费者对产品的规格、花色、需求数量呈现多样化、个性化要求，而且这种多样化要求具有很大的不确定性。消费者对产品的功能、质量和可靠性的要求日益提高，而且这种要求提高的标准又是以不同用户的满意程度为尺度的。

（5）全球性技术支持和售后服务

生产和销售的全球化、一体化，信息技术的飞速发展和广泛利用，使企业有条件在全球范围内获得技术支持，及时满足生产所需。同时，全球化的销售网络也需要得到全球性的售后服务网络的支持。销售做到哪里，服务送到哪里。

6.3.2 企业面临的挑战

（1）缩短产品研发周期

随着消费者需求的多样化发展，企业的产品开发能力要不断提高。例如，AT&T 公司新电话的开发时间由过去的 2 年缩短为 1 年，惠普公司新打印机开发的时间从过去的 4.5 年缩短为 22 个月。

（2）降低库存水平

企业为了更好地满足消费者的多样化需求，不断推出新的产品，品种数成倍增长，这使制造商和销售商背上了沉重的库存负担，严重影响了企业的资金周转

速度，进而影响了企业的竞争力。

(3) 缩短交货期

缩短产品的开发、生产周期，在尽可能短的时间内满足用户需求已成为所有企业管理者最为关注的问题之一。企业间的竞争因素在20世纪60年代为成本，80年代为质量，90年代为交货期，而进入21世纪则为响应周期（Cycle-Time）。企业不仅要有很强的开发能力，完善产品品种和加强对供应链成本的控制，更为重要的是要缩短产品的上市时间，即尽可能提高对客户需求的响应速度。20世纪90年代，日本汽车制造商平均每两年推出一款车型，而美国推出相同档次的车型却要5~7年，由此可以看出在汽车市场上日本汽车一直处于主动地位的原因。

(4) 提供定制化产品和服务

传统的“一对全”的规模经济生产模式已不能使客户满意了，也不再能使企业获得效益，企业必须根据每个客户的特殊要求定制产品和服务。显然，个性化定制生产提高了产品质量，使企业能快速响应客户要求，但对企业运作模式提出了更高的要求。总之，企业要想在严酷的竞争环境下生存下去，就必须具有较强的处理环境变化和由环境引起的不确定性的能力。如何应对这种挑战，始终是企业管理者们关注的焦点。

6.3.3 物流行业存在的问题

物流行业几乎没有技术壁垒，进入门槛低，竞争异常激烈。以快递公司为例，我国市场中主要的民营快递公司就有“四通一达”（申通快递、圆通速递、中通快递、百世汇通和韵达速递）和顺丰速运，国企则有中国邮政速递物流。除此之外，随着网购和电子商务的高速发展，电商巨头如阿里巴巴、京东、国美、苏宁等也纷纷建立自己的仓储和配送体系，行业整体的竞争异常激烈。我国物流业虽然取得了重大进展，但仍然处于初级阶段，还不能完全适应国民经济发展的需要。

(1) 竞争力不够强

衡量物流业运行效率的指标——物流总费用与GDP的比率，我国高出发达国家1倍左右。国内领先的物流企业与跨国企业相比，无论是规模、品牌、盈利能力、国际市场份额，还是物流服务能力、供应链管理能力等，均有较大差距。

(2) 发展方式比较粗放

物流网络完整性、协调性、配套性差，整体效率不高；物流市场主体庞杂，企业集中度低，诚信体系缺失、竞争秩序失范等问题比较严重；物流企业组织化程度和服务水平不高，创新能力和可持续发展能力不强；物流运作方式与资源、能源和土地消耗及生态环境的矛盾日益突出。

（3）不平衡性较为明显

普通仓储、公路普货运输等传统服务供大于求，供应链一体化的专业服务能力不足；东部沿海地区物流业发展较快，中西部地区发展相对较慢；城市物流相对发达，农村物流相对落后；国际货物贸易发展很快，但服务贸易发展滞后；物流资源整合不足，物流业和相关产业互动性不强；应急物流、逆向物流和绿色物流等环节比较薄弱。

（4）物流企业生存和发展环境没有根本好转

土地、燃油、人力成本等各项物流要素普遍短缺，成本持续攀升，而物流服务价格上升空间有限。多数企业在高成本、低收益、微利润状态下运行，缺乏发展后劲。

6.4 实训内容

6.4.1 扭亏为盈实验参数设置

教师登录系统，在班级实验管理页面选择扭亏为盈实验系统，并点击右侧【参数设置】按钮，进入参数设置页面，如图 6.1 所示。

图 6.1 扭亏为盈实验参数设置页面

6.4.1.1 背景定义

背景定义是指教师指定模拟实验中企业所属行业、企业名称以及所处的地理位置，并对该行业进行详细情况描述。教师在管理菜单列点击【背景定义】按钮，进入背景定义页面，如图 6.2 所示。该页面上方列表显示系统中的背景资料信息，具体包括行业名称、企业名称、位置以及行业描述。

6.4.1.2　新增背景

教师点击背景定义页面右上方【新增背景】按钮，进行新增行业背景设置，显示页面如图 6.3 所示。正确输入行业名称、企业名称、位置以及行业描述后，点击【确定】按钮，保存新增背景设置。

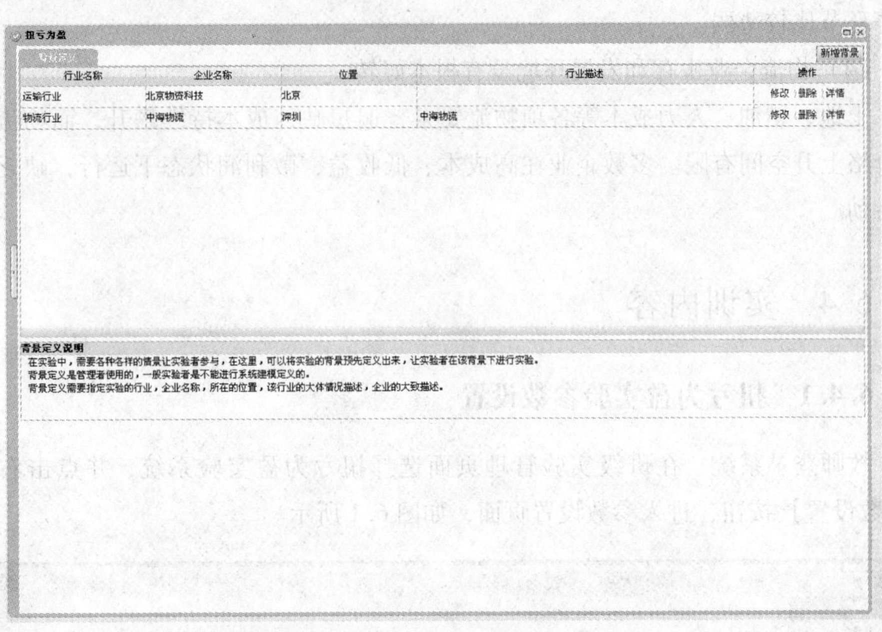

图 6.2　扭亏为盈实验背景定义页面

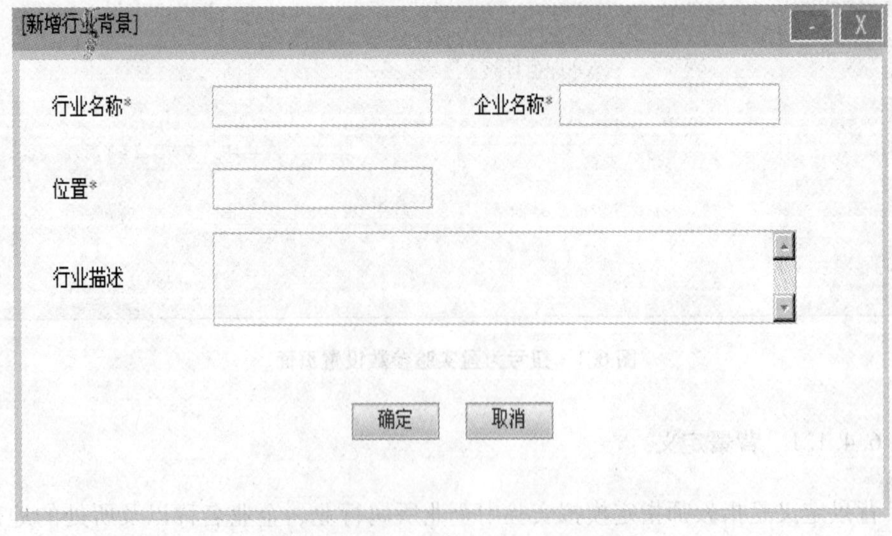

图 6.3　扭亏为盈实验新增行业背景页面

6.4.1.3 背景修改与删除

教师也可以对现有背景进行修改、删除和查看详情操作。点击背景定义页面右侧的【修改】、【删除】和【详情】按钮，可分别对该列背景数据进行修改、删除和查看详情操作。删除操作将弹出系统提示，确认后删除信息。

6.4.1.4 角色属性定义

角色是指实验者，他们在模拟实验中代表一个公司或者一个企业进行决策。角色有本身固有的一些属性。例如，对于运输行业来说，公司规模、运输成本、运输价格、运输速度、服务水平、知名度等都是重要属性；对于制造业来说，公司规模、产品价格、产品成本、产品质量、信誉度等都是重要属性。

教师在管理菜单列点击【角色属性定义】按钮，进入角色属性设置页面，如图 6.4 所示。该页面左侧显示行业名称，右侧则显示对应的行业属性名称。

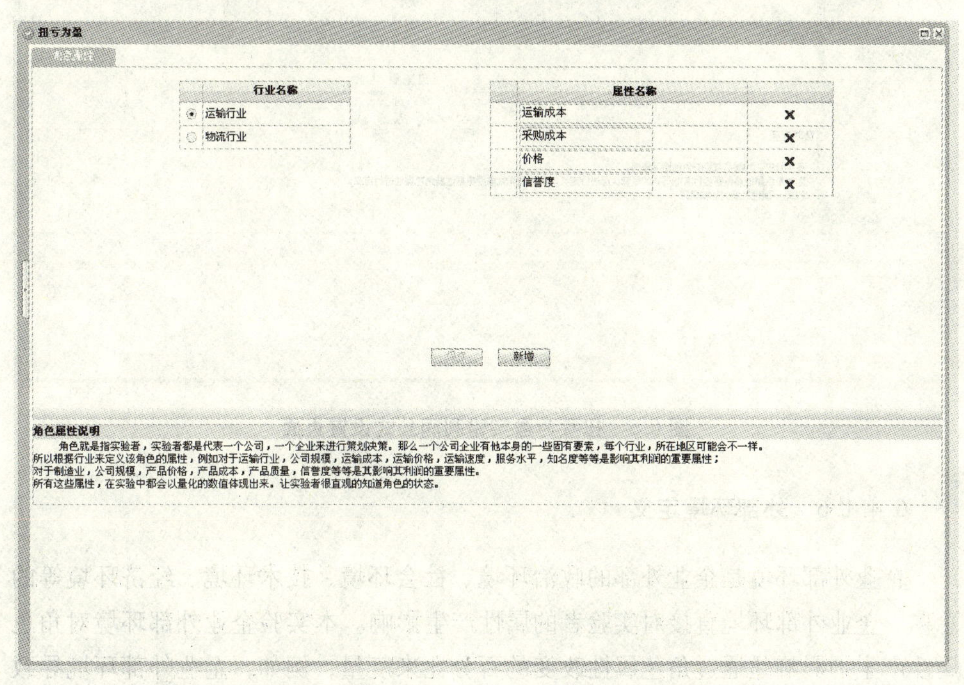

图 6.4 扭亏为盈实验角色属性定义页面

教师点击【新增】按钮，列表下方将新增一空白列，在该列输入属性名称后点击【保存】按钮，保存新增属性。点击属性名称列表右侧的红色“×”符号，可对该列属性执行删除操作，系统提示后确认删除。

6.4.1.5 利润公式设置

利润是角色重要的固有属性。因为角色属性是根据各行各业不同的经营状况进行定义的，所以利润也需要根据这些角色属性进行定义。利润的计算公式如下：

利润 = 属性之间的加减乘除

教师在管理菜单列点击【利润计算公式】按钮，显示页面如图 6.5 所示。该页面左侧显示已有的行业名称列表，右侧为利润设置板块。教师根据实际情况，构建出一个利润计算公式后，点击【保存】按钮，保存该公式。在实验进行中，系统将根据该公式计算实验者的利润。

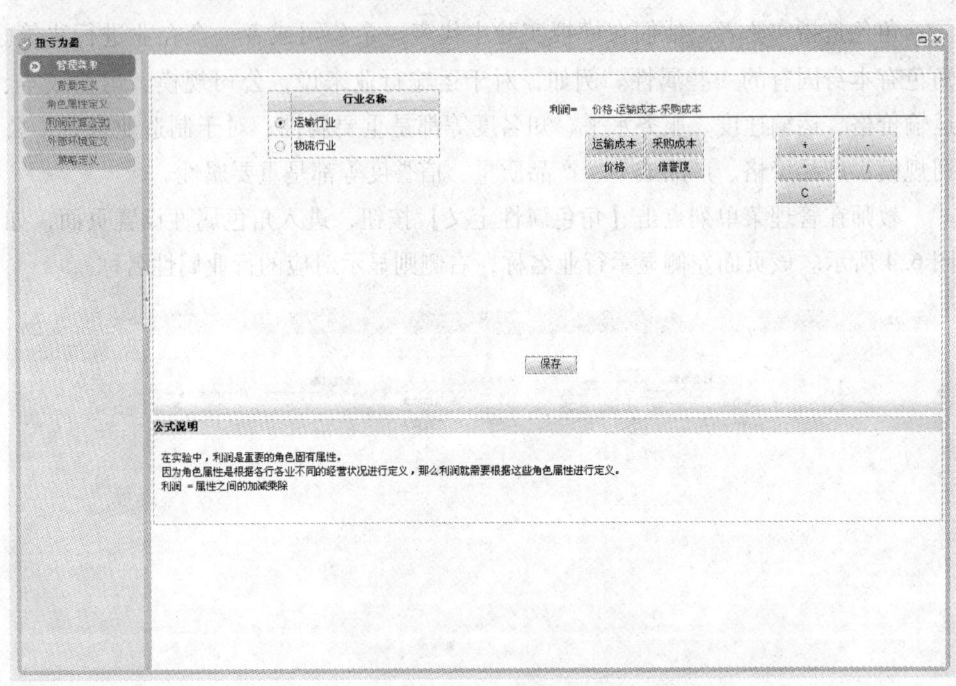

图 6.5　扭亏为盈实验利润公式设置页面

6.4.1.6　外部环境定义

企业外部环境是企业外部的政治环境、社会环境、技术环境、经济环境等的总称。企业外部环境直接对实验者的属性产生影响。本实验企业外部环境对角色属性产生的影响是通过角色属性改变的百分比来度量，例如，企业外部环境导致成本增加 5%。教师在管理菜单列点击【外部环境定义】按钮，显示页面如图 6.6 所示。外部环境设置主要包括：外部环境名称、外部环境描述、生效周期（以当前周期为起点，第几周开始生效）、影响周期（从生效周期开始，持续影响几个周期）。

在本实验中，外部环境自动随机应用，但只能被随机应用一次。外部环境定义在本实验中以减少利润为目的。

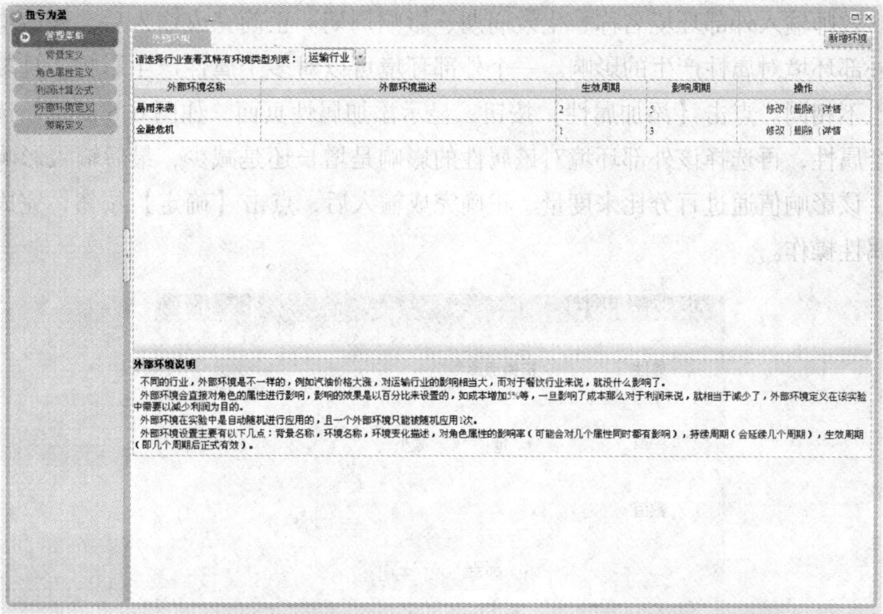

图 6.6 扭亏为盈实验企业外部环境定义页面

6.4.1.7 新增外部环境

在外部环境定义页面，教师点击右上角【新增环境】按钮，进入新增外部环境页面，如图 6.7 所示。

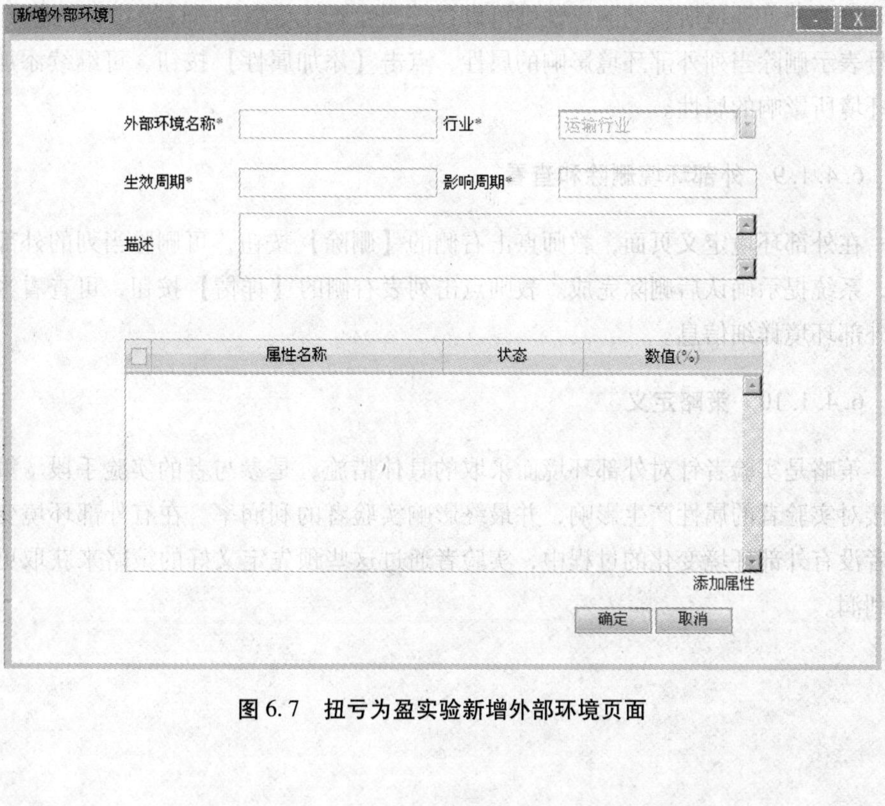

图 6.7 扭亏为盈实验新增外部环境页面

6
扭亏为盈实训

教师输入外部环境名称、生效周期、影响周期。正确完成输入后，开始增加该外部环境对属性产生的影响。一个外部环境可以对多个属性产生影响，且影响值也不相同。点击【添加属性】按钮，显示添加属性页面，如图 6.8 所示。选择一个属性，再选择该外部环境对该属性的影响是增长还是减少，最后输入影响数值，该影响值通过百分比来度量。正确完成输入后，点击【确定】按钮，完成添加属性操作。

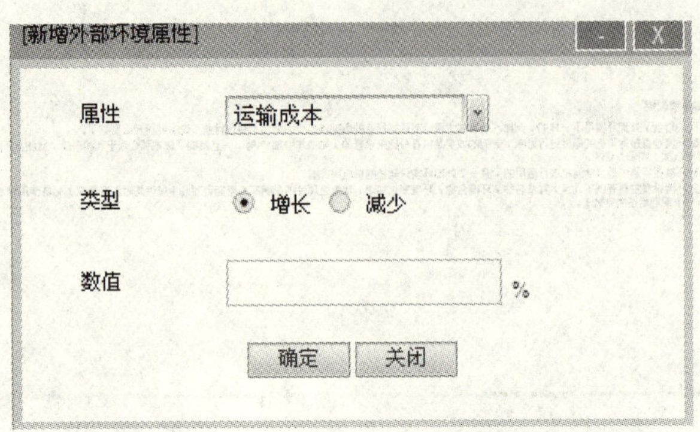

图 6.8　外部环境添加属性页面

6.4.1.8　外部环境修改

在外部环境定义页面，教师选择一个外部环境，点击右侧【修改】按钮，显示修改页面如图 6.9 所示，直接修改外部环境名称、生效周期与影响周期即可。如要修改外部环境所影响的属性则可以进行删除属性与添加属性操作。红色“×”符号表示删除当列外部环境影响的属性，点击【添加属性】按钮，可继续添加外部环境所影响的属性。

6.4.1.9　外部环境删除和查看

在外部环境定义页面，教师点击右侧的【删除】按钮，可删除当列的外部环境，系统提示确认后删除完成。教师点击列表右侧的【详情】按钮，可查看当列的外部环境详细信息。

6.4.1.10　策略定义

策略是实验者针对外部环境而采取的具体措施，是参与者的实验手段。策略直接对实验者的属性产生影响，并最终影响实验者的利润率。在有外部环境变化或者没有外部环境变化的过程中，实验者通过这些预先定义好的策略来获取更高的利润。

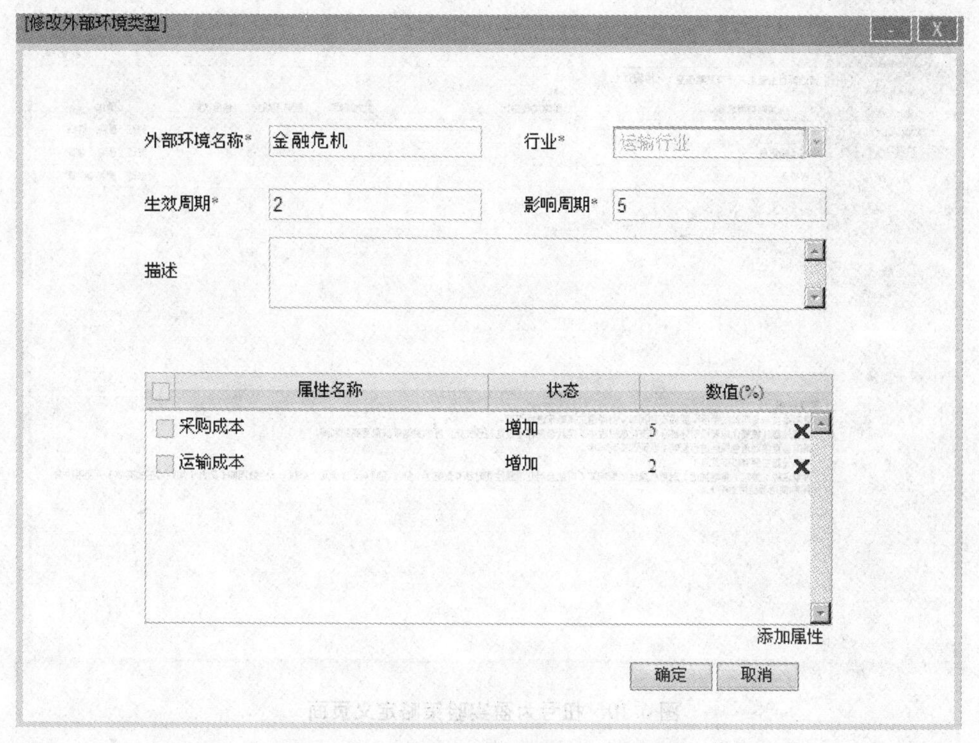

图 6.9 扭亏为盈实验外部环境修改页面

教师在管理菜单列点击【策略定义】按钮，进入策略定义页面，如图 6.10 所示。策略设置内容包括：策略类型名称、策略类型描述、生效周期（该策略几个周期后正式有效）、影响周期（该策略会延续几个周期）、使用次数（限制使用者滥用策略）。策略的概念与外部环境类似，不同之处在于外部环境为实验管理者所使用，而策略则为实验参与者所使用。教师在策略定义页面上方的下拉框选择一个行业背景，下方列表则显示该行业背景下的策略列表。

6.4.1.11 新增策略

在策略定义页面，教师点击【新增策略】按钮，进入新增策略页面，如图 6.11 所示。

教师输入策略类型名称、生效周期、影响周期与使用次数。正确完成输入后，开始增加该策略所影响的属性。一个策略可以对多个属性产生影响，且影响值也不相同。点击【添加属性】按钮，显示添加属性页面，如图 6.12 所示。选择一个属性，例如运输成本，再选择策略对该属性的影响是增长还是减少，最后输入影响数值，该影响值通过百分比来度量。正确完成输入后，点击【确定】按钮，完成添加属性操作。

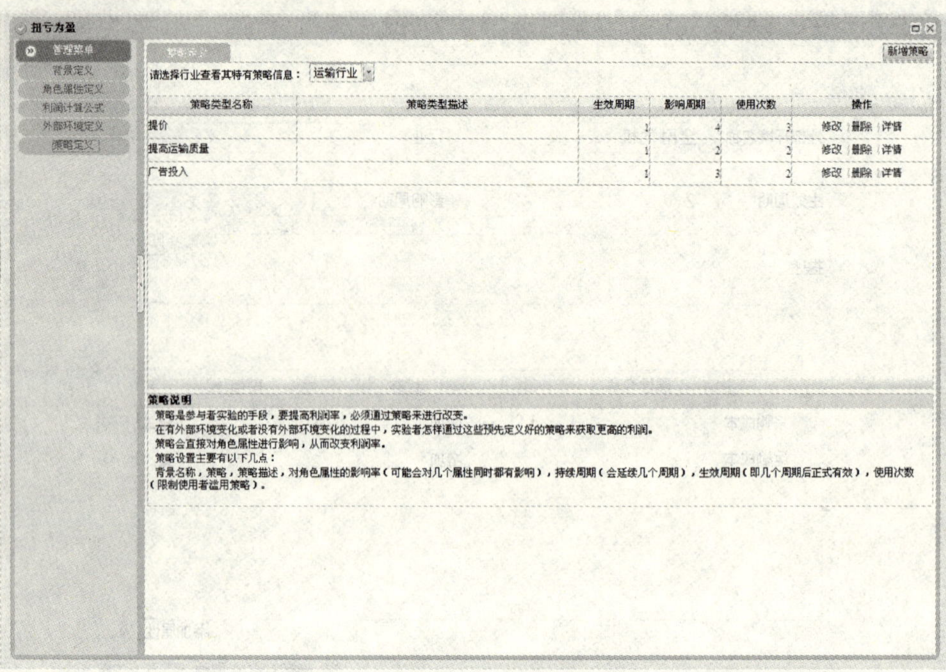

图 6.10　扭亏为盈实验策略定义页面

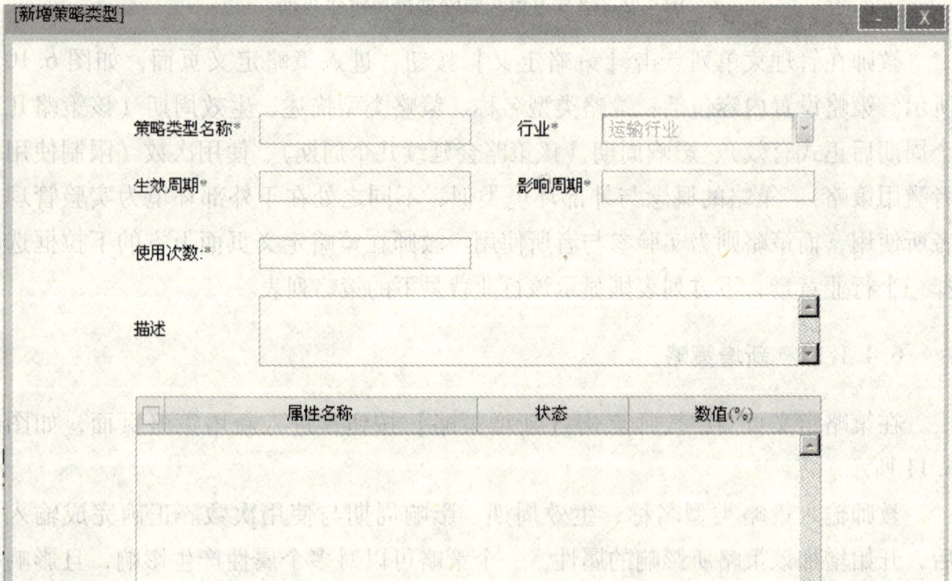

[新增策略类型]

策略类型名称*　　　　行业*　运输行业

生效周期*　　　　影响周期*

使用次数*

描述

	属性名称	状态	数值(%)

添加属性

确定　取消

图 6.11　扭亏为盈实验新增策略页面

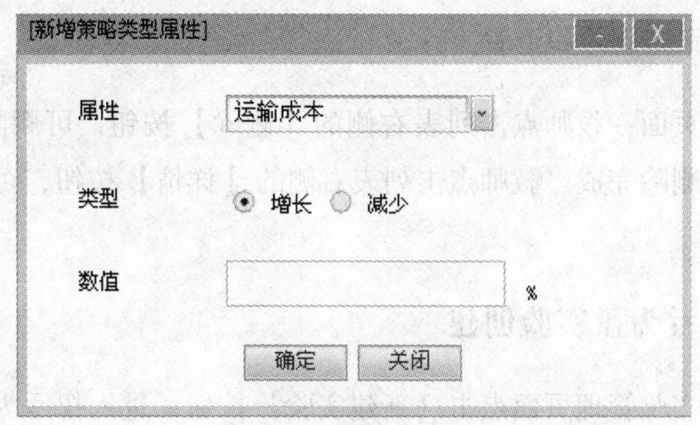

图 6.12　策略添加属性页面

6.4.1.12　策略修改

在策略定义页面，教师点击列表中【修改】按钮，可对当列策略进行修改操作，显示页面如图 6.13 所示。

[修改策略类型]

策略类型名称* 提价　行业* 运输行业

生效周期* 1　影响周期* 4

使用次数:* 3

描述

属性名称	状态	数值(%)
价格	增加	20

添加属性

确定　取消

图 6.13　扭亏为盈实验策略修改页面

教师直接修改策略类型名称、生效周期、影响周期与使用次数即可。如要修改策略所影响的属性则可以进行删除和添加操作。点击红色“×”符号可以删除当列属性，点击【添加属性】可继续添加影响属性。

6.4.1.13 策略删除和查看

在策略定义页面，教师点击列表右侧的【删除】按钮，可删除当列的策略，系统提示确认后删除完成。教师点击列表右侧的【详情】按钮，可查看当列的策略详细信息。

6.4.2 扭亏为盈实验创建

教师在班级实验管理页面点击【新建实验】按钮，进入扭亏为盈实验创建页面，如图6.14所示。该页面左上角显示实验基本信息，右上角显示实验者的属性信息。在实验基本信息中，教师选择一个行业背景后，页面右侧则显示该行业对应的属性列表。教师输入实验名称和实验周期后，到页面右侧设置参与者的属性信息，确认信息后，点击【创建实验】按钮，完成扭亏为盈实验创建。创建成功后，学生可以开始实验。本实验为单人实验。

注：角色属性由系统生成，如对属性不满意，可点击【随机生成属性】按钮，重新获取新的属性。实验周期必须为20~40。

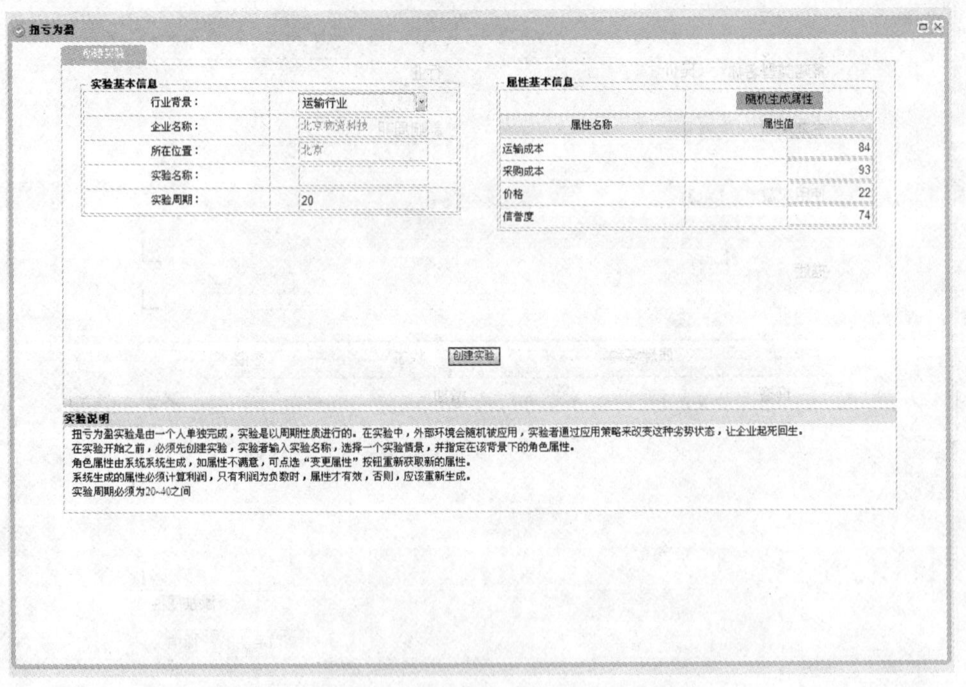

图6.14 扭亏为盈实验创建页面

6.4.3 扭亏为盈实验进行

学生登录系统，在实验列表页面选择扭亏为盈实验，并点击页面右侧【进入实验列表】按钮，显示页面如图 6.15 所示。该页面显示教师已创建好的扭亏为盈实验。

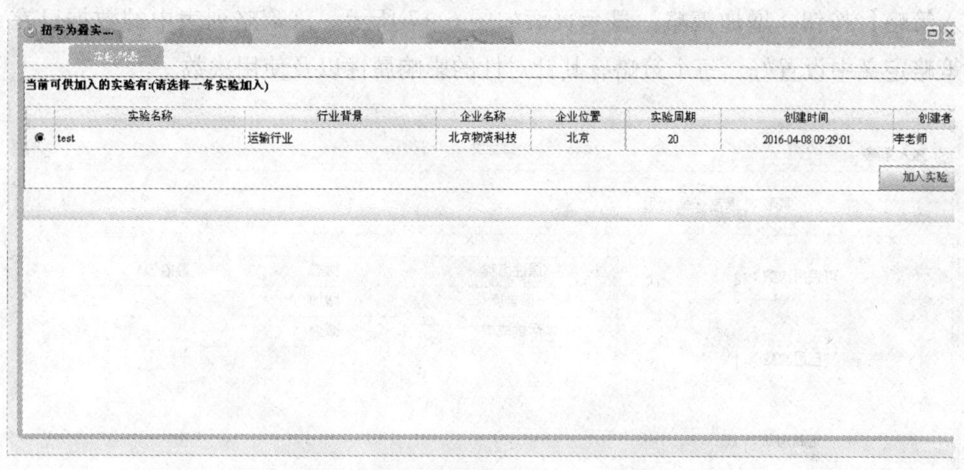

图 6.15 学生进入扭亏为盈实验页面

学生勾选一个实验，点击【加入实验】按钮，进入扭亏为盈实验进行页面，如图 6.16 所示。

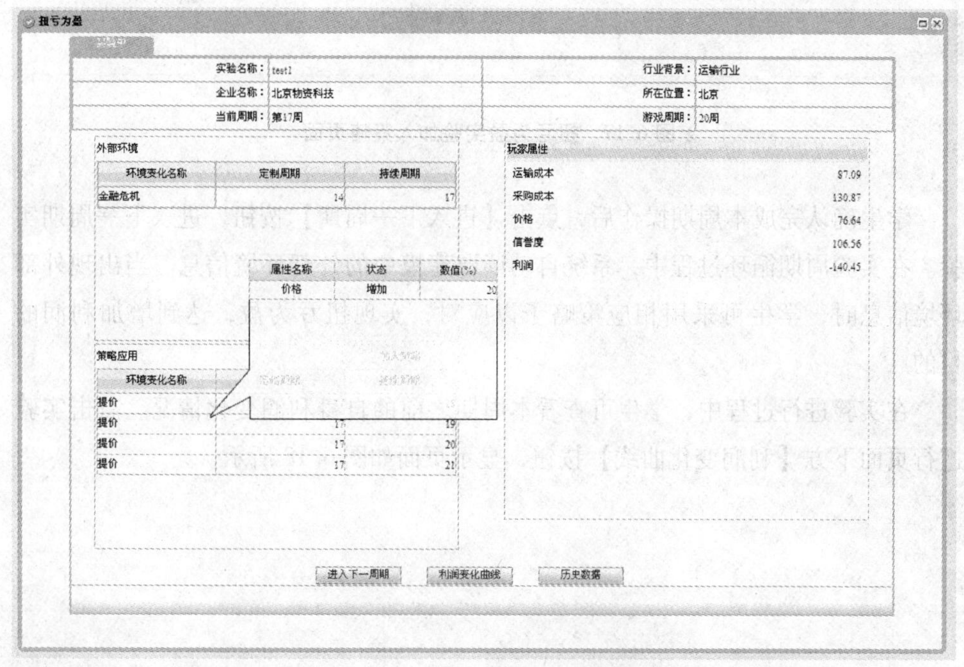

图 6.16 扭亏为盈实验进行页面

该页面上方显示实验的基本信息，具体包括实验名称、行业背景、企业名称、所在位置、当前周期以及游戏周期；页面中部左侧显示外部环境信息列表和策略应用信息列表，右侧显示角色属性即时信息列表。当鼠标悬停时，显示该策略或者外部环境的影响属性列表信息。

在实验进行过程中，页面中的数据为当前周期的即时数据，学生可点击【加入策略】按钮，增加策略，显示页面如图 6.17 所示。该策略列表中的数据已在策略定义中设置好，每个策略有其针对性的影响属性以及使用次数。

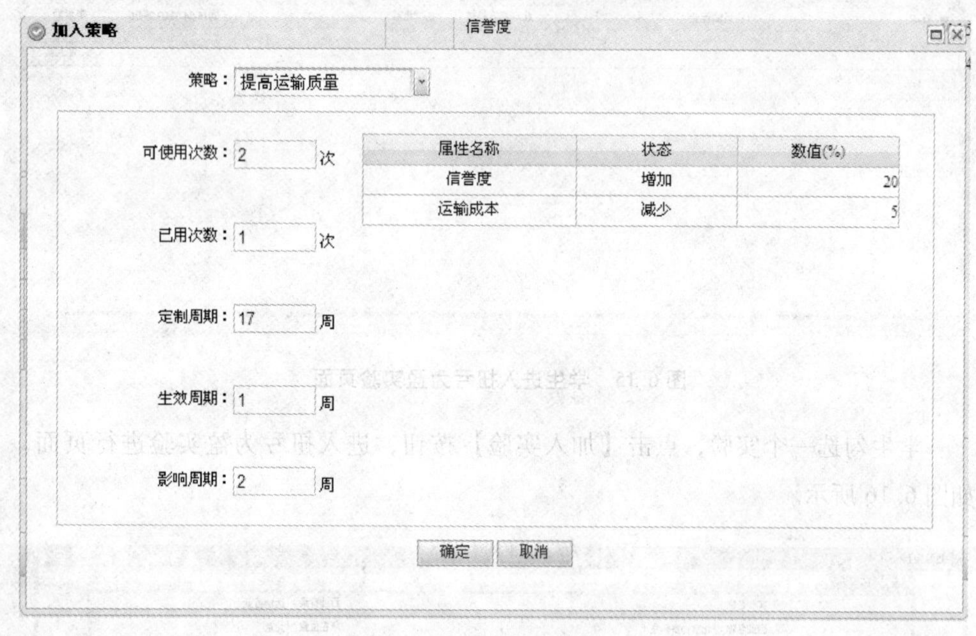

图 6.17　扭亏为盈实验加入策略页面

学生确认完成本周期操作后，点击【进入下一周期】按钮，进入下一周期实验。在实验周期循环过程中，系统自动读取建模中的外部环境信息。当出现外部环境信息时，学生可采用相应策略予以应对，实现扭亏为盈，达到增加利润的目的。

在实验进行过程中，学生可查看本周期之前的自身利润变化情况。点击实验进行页面下方【利润变化曲线】按钮，显示页面如图 6.18 所示。

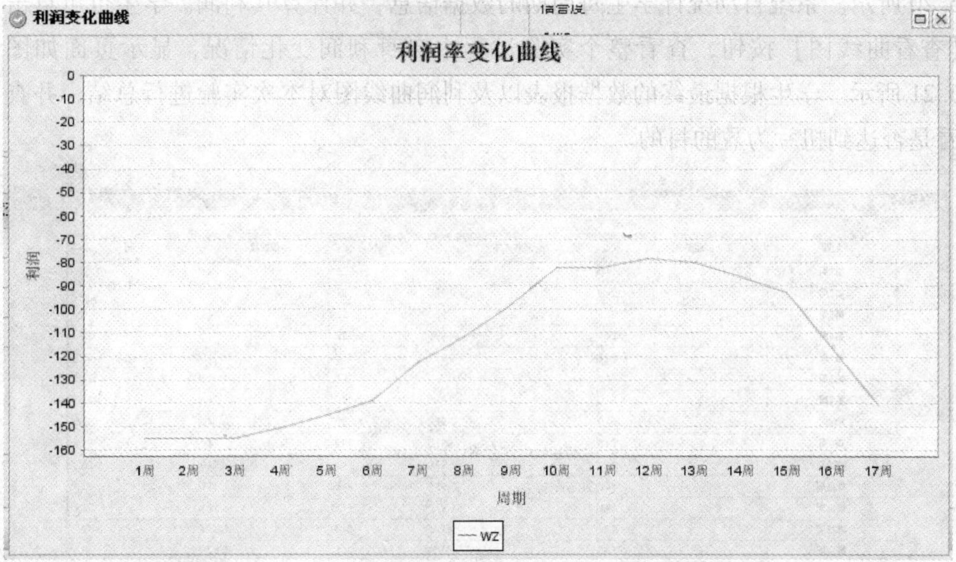

图 6.18　扭亏为盈实验进行中的利润变化曲线图

学生点击【历史数据】按钮，可查看本周之前的历史数据列表，如图 6.19 所示。

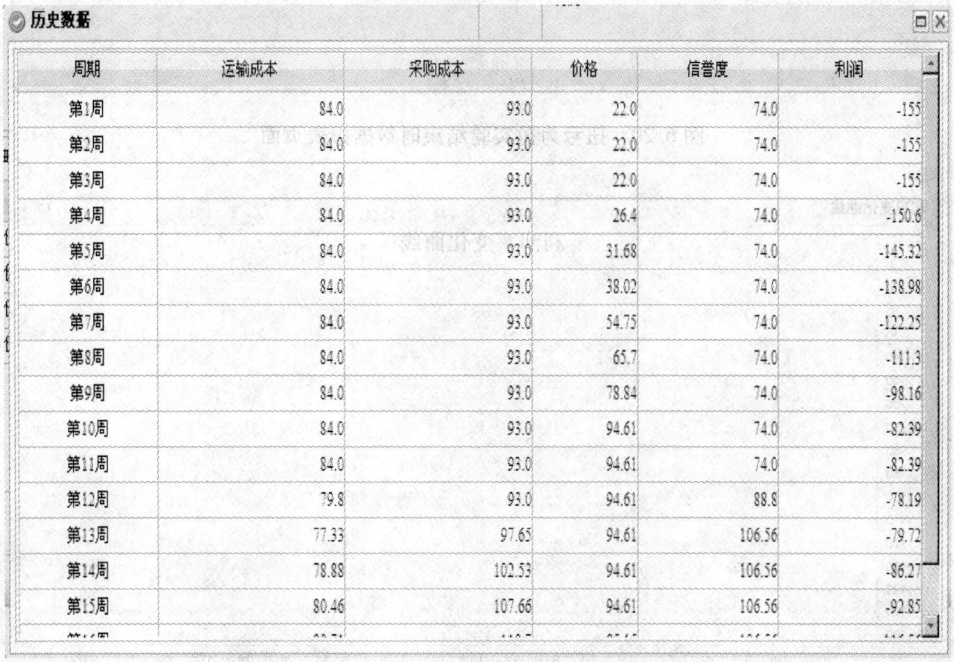
历史数据

周期	运输成本	采购成本	价格	信誉度	利润
第1周	84.0	93.0	22.0	74.0	-155
第2周	84.0	93.0	22.0	74.0	-155
第3周	84.0	93.0	22.0	74.0	-155
第4周	84.0	93.0	26.4	74.0	-150.6
第5周	84.0	93.0	31.68	74.0	-145.32
第6周	84.0	93.0	38.02	74.0	-138.98
第7周	84.0	93.0	54.75	74.0	-122.25
第8周	84.0	93.0	65.7	74.0	-111.3
第9周	84.0	93.0	78.84	74.0	-98.16
第10周	84.0	93.0	94.61	74.0	-82.39
第11周	84.0	93.0	94.61	74.0	-82.39
第12周	79.8	93.0	94.61	88.8	-78.19
第13周	77.33	97.65	94.61	106.56	-79.72
第14周	78.88	102.53	94.61	106.56	-86.27
第15周	80.46	107.66	94.61	106.56	-92.85

图 6.19　扭亏为盈实验进行中的历史数据页面

6.4.4　扭亏为盈实验结束

当最后一个周期完成后，扭亏为盈实验结束，系统进入数据报表页面，如图

6.20 所示。系统自动统计学生每周期的数据信息，并计算其利润。学生也可点击【查看曲线图】按钮，查看整个实验过程中自身利润变化情况，显示页面如图 6.21 所示。学生根据最终的数据报表以及利润曲线图对本次实验进行总结，并查看是否达到扭亏为盈的目的。

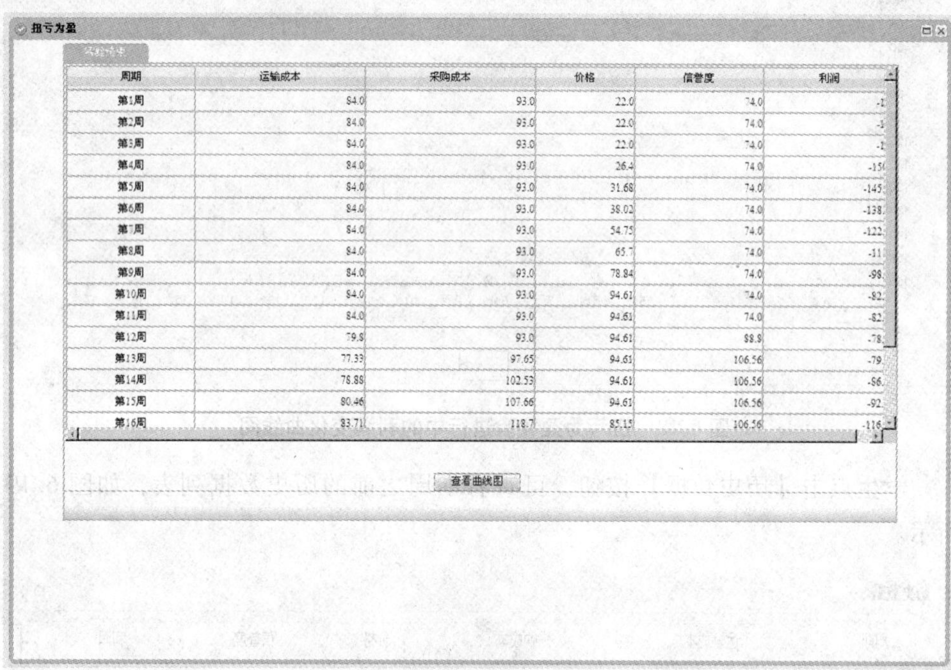

周期	运输成本	采购成本	价格	信誉度	利润
第1周	84.0	93.0	22.0	74.0	-1
第2周	84.0	93.0	22.0	74.0	-1
第3周	84.0	93.0	22.0	74.0	-1
第4周	84.0	93.0	26.4	74.0	-15
第5周	84.0	93.0	31.68	74.0	-145
第6周	84.0	93.0	38.02	74.0	-138
第7周	84.0	93.0	54.75	74.0	-122
第8周	84.0	93.0	65.7	74.0	-11
第9周	84.0	93.0	78.84	74.0	-98
第10周	84.0	93.0	94.61	74.0	-82
第11周	84.0	93.0	94.61	74.0	-82
第12周	79.8	93.0	94.61	88.8	-78
第13周	77.33	97.65	94.61	106.56	-79
第14周	78.88	102.53	94.61	106.56	-86
第15周	80.46	107.66	94.61	106.56	-92
第16周	83.71	118.7	85.15	106.56	-116

图 6.20　扭亏为盈实验结束时数据报表页面

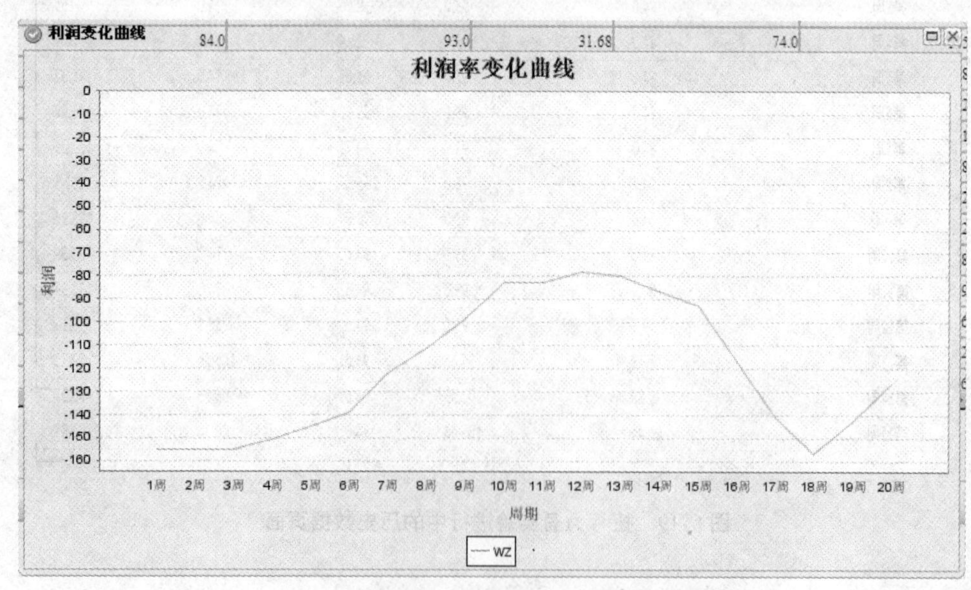

图 6.21　扭亏为盈实验结束时利润变化曲线图

6.5 实训报告

本实训报告建议内容包括：

(1) 实训名称

(2) 所属课程名称

(3) 学生姓名、学号以及指导教师

(4) 实训日期（年、月、日）和地点

(5) 实训目的

(6) 实训内容

(7) 实训环境和器材

(8) 实训步骤

(9) 实训结果

(10) 实训总结

扩展阅读

东航货运转型后首年扭亏为盈

2013年秋，东方航空物流有限公司（以下简称“东航物流”）正式完成重组，旗下拥有中国货运航空（以下简称“中货航”）、东航快递以及东航运输等子公司，业务涵盖航空运输、卡车运输、快递、物流、仓储、跨境电商、贸易等板块，并掌控货运服务链上下游相互关联的各个环节。中货航将原来的19架全货机减少到10架，只剩下B747和B777两种主力机型，而且全货机的欧美航线分别精减到哥本哈根、阿姆斯特丹、芝加哥、洛杉矶，共4个通航点。货物空运到通航点后，全部委托地面卡车公司转运至目的地。通航点减少后，10架货机对4个通航点加密航班，大部分通航点可以达到每周9班的密度。

东航物流2014年最颠覆性的动作是在智利、美国农场采购车厘子，同时在官网上组织团购，待车厘子采摘后，立即空运至上海，派送给预订者，形成了“快递+电商+贸易”的雏形。“我们旗下的中货航，多个包机航班从智利运回车厘子，这是中国民航货运班机首度直航南美。”东航物流的人士对2014年年末的一股微信热潮印象深刻，“全国各地的成千上万网民，在微信朋友圈里转发、议论一件事：现在可以团购智利车厘子了。”由于路途遥远以及缺乏直销渠道，进口生鲜水果在中国市场上一直价格高昂，只能局限于有限消费群体。东航空运来的智利、美国车厘子，零售价低至每斤几十元，又恰好赶上了自媒体热，一时间家喻户晓。东航物流作为东航的一分子，2014年的业绩不错，终结了东航货运板块的常年亏损局面，在全面完成转型后的第一年便实现赢利。

顺丰速运2012年5月上线顺丰优选网购商城，跨界做电商，选择了附加值高、派送时效要求严格的生鲜食品，以体现自己在快递领域的优势。东航物流更是直奔进口生鲜食品。“航空公司的优势在于全物流供应链，我们不仅有飞机，还有得天独厚布局的机场、地面装卸、货站、转运等一系列设施。对保鲜、冷链要求极高的进口生鲜食品，必须依靠这样的完整链条、环环相扣的保障，才能在送达客户时，保持最初的品质。”东航物流也是逐渐找准自己的市场定位，从原先受制于末端配送而并不成功的2C（终端消费者）模式转变为2B商户模式，自己不承担最后一公里的派送任务，而是交给合作伙伴完成，自己专注于由产地到合作伙伴之间的采购、运输业务。

“这种定位是正确的，生鲜电商企业和海外农产品生产者现在都来联系我们了，比如天天果园、一号店、京东，还有美国、加拿大农业部与我们商洽。”东航物流人士透露，他们已成为绿地集团的合作伙伴，为更多的进口生鲜食品提供物流保障。“年初，上海各大消费类微信公众号几乎同时开始推送一则信息：购买高性价比的进口生鲜食品不用再赶到自贸区，在上海市区就有绿地全球商品直销中心，新鲜又平价的水果、海鲜、乳制品等都可以就近选购了。普通消费者未必了解的是，这里面有我们的一分子。”

民航资源网专家刘海明指出，各货运航空公司的转型升级，主要包括转行、转换不同细分市场、转换经营模式，共三种类型。“货航沿着产业链向上下游延伸是必然趋势，这种延伸主要借助整合资源来实现成为行业共识，货航依靠自身资源的垄断性进行强制整合是一种思路。”

东航物流2015年有望进一步增收节支。增收方面，除了继续经营进口生鲜食品外，东航物流成了西班牙Inditex集团的服务商，向中国运送、在中国分送ZARA品牌的服装，包括每周两次新货和一次退换货，负责运输、报关检验检疫、配送到华东地区门店的流程。GAP、优衣库接踵而至，目前已与东航物流接洽。节支方面，上海浦东机场的航空货运无纸化程度在全国领先，对东航有利。上海海关、上海出入境检验检疫局、上海机场集团、东航、上海电子口岸办、国际航协在上海签署了《共同推进上海航空电子货运发展的倡议书》，要推进航空货运的无纸化。

上述倡议书有三项内容：一是逐步取消纸质航空货运单上加盖安检章的操作流程，最终达到安检电子放行；二是取消纸质航空货运单，加快推进海关和检验检疫的通关无纸化进程，采用航空货运主运单的电子信息作为报关、报检辅助文件；三是货运信息互联互动，实现信息系统数据共享，逐步取消单证信息的多次录入。

“可以提升货物流转效率，降低企业运营成本，为货运企业创造便利的营商环境和通关环境。”东航人士介绍，中货航2014年6月在浦东机场成功运行电子运单出港，截至 2015 年 2 月 25 日，中货航的国际出港电子运单货物已达 9 206 票。

资料来源：周健. 东航货运转型后首年扭亏为盈［N/OL］. 上海商报，2015-03-10. http://news.hexun.com/2015-03-10/173940998.html

组建联盟是航企扭亏为盈的有效途径

有关航运业五大巨头组建 CKY-HE 海运联盟的消息一经传出，便震惊了整个航运界。从理论上讲，组建联盟是航运企业减少亏损、增加盈利的有效途径之一，并且对航运业的复苏也会起到一定的促进作用。其具体优点如下：

一、海运联盟有助于企业降低经营成本。由于船舶的单位运力成本遵循规模递减的原则，即单船载运能力越大，单位成本越低，因此，船舶大型化有助于航运企业降低经营成本，而打造大型船舶也将会成为一种必然趋势。航运企业之间通过组建联盟，不仅可以减少单一经营人经营一条航线的成本投入，还可以增加船舶的实载率，提高航线的舱位利用率。特别是在金融危机下，面临全球运输需求的持续低迷，更需要航运企业之间互相合作、抱团取暖、共渡难关。

二、海运联盟能够有效降低运营风险。对于大多数航运企业而言，单独提供全球航线服务往往是十分困难的。只有通过组建联盟的方式，与其他公司进行联合经营，提供更为广泛和频繁的航线运输服务，才能以巨大的规模和实力抵御外界的冲击，从容地面对全球经济的波动，进而使各个航运企业获得规模经济效益，降低投资和运营风险。

三、海运联盟具有资源共享、开拓市场等优势。一方面，航运企业之间可以进入彼此所熟悉的传统领域，增加自己的市场份额，以便提供全球航线服务，满足多元化的运输需求，进而巩固企业自身在世界航运市场的地位；另一方面，航运企业可以在短时间内整合各个联盟成员的资源，实现多种资源的共享和优势资源的互补，尽可能地提高运输服务质量，同时还可以避免航运企业独自经营的盲目性，避免过度竞争。

综合来说，海运联盟这种抱团取暖的方式，不仅有助于各个航运企业之间达到分散风险、共同盈利、提高竞争力的目的，也有利于促进整个航运界的复苏。特别是在经济萧条时期，航运企业通过组建联盟的方式深化合作，是一个很好的发展契机。无论是航运企业与物流企业，还是航运物流企业与大货主企业，都应该通过组建联盟、抱团取暖的方式，走联合发展之路。即使是存在竞争关系的各大航运企业、综合物流企业，同样也应当提倡竞争合作、共渡时艰，走共同盈利之路。

然而，在海运联盟这种方式能够直接带给航运企业经济效益的同时，往往也会伴随着一些负面因素出现。

众所周知，海运联盟是一种极难管理的组织形式。由于这种联盟的一部分控制将会超出企业的能力范围，因此，联盟中各方的利益与冲突将不能以行政命令的方式解决，而应该以协商或妥协的方式解决。如果联盟中的任何一方拒绝妥协或产生猜疑，那么，这种互不信任的心理将会引发企业之间争相夺利，进而导致联盟失败。另外，海运联盟的供应链整合也不是一朝一夕就能实现的，这一过程需要较长时间的磨合与适应。所以，海运联盟需要企业之间互相协调，灵活多变，随时随地调整联盟的规模和形式，积极拓展联盟合作渠道。

总之，对于航运企业来说，海运联盟是扭转困局的一种有效途径，但是，海运联盟在具体实施过程中存在着一定的风险。对此，航运业五大巨头组建CKYHE 海运联盟能否实现合作共赢，主要还得看互相之间的供应链整合能力，以及相互协作的能力。

资料来源：孟庆泽. 组建联盟是航企扭亏为盈的有效途径［N/OL］. 现代物流报，2014-03-25. http://news.xd56b.com/shtml/xdwlb/20140325/286406.shtml

7 物流综合竞争实训

学习目的和任务

1. 了解当前物流企业经营状况以及物流市场竞争环境的特点。
2. 掌握提升企业竞争力的方法。

7.1 实训目的

本次实训的目的是让学生了解当前物流企业的经营状况以及物流市场竞争环境的特点，并且通过模拟实验，让学生掌握提升物流企业竞争力的方法以及实际操作过程。

7.2 实训要求

实训前认真学习相关理论知识，做好实训前的准备。

实训中根据所学知识整理出实训的主要流程，认真完成各实训步骤并做好实训的相应记录。

实训结束后对实训结果进行分析总结，并撰写实训报告。

7.3 实训基础理论

7.3.1 物流市场的竞争环境

随着我国改革开放的深入和经济的快速发展，对物流的需求在不断地增长。巨大的需求和持续高速的增长为物流企业提供了广阔的发展空间，但物流业作为我国的新兴行业，在经济全球化后，经营环境日趋变得复杂和不确定，竞争变得日益激烈。国内中小物流企业将面对国外物流企业和国内大型物流企业的竞争，企业的生存发展已经遇到很大的困境。首先，国外知名物流企业看好我国的物流市场需求和相对较小的物流供给能力，率先进入并抢占中国市场，造成我国物流市场竞争激烈；其次，国内大型物流企业蓬勃发展，原有的国有物流企业也开始并购重组，并逐渐向现代物流转型和发展；另外，一些机制灵活的大型民营企业在日趋激烈的市场竞争中，也找到了自身的切入点，开始抢占物流市场，成了国内物流行业的现代生力军。

7.3.2 物流企业的应对措施

中小物流企业面对竞争激烈的物流市场，应该明确目前整个市场环境的发展状况，充分了解竞争的侧重点，找出目前企业的竞争重点。

（1）明确业务模式

中小物流企业要在激烈的竞争中生存下去首先就要对市场业务范围有准确的了解。一般情况下，物流企业的业务范围往往由核心服务和增值服务组成。核心服务主要包括运输、仓储、库存管理等内容；增值服务主要有流通加工、包装等活动。中小物流企业自身在硬件和软件上相对比较落后，往往只能拥有其中的一到二项核心服务内容，如果再往其他核心服务领域延伸，不仅需要较大的投入，而且还要承担更多的风险。在这种情况下，企业经营者可以多从增值服务上着手，比如可以考虑协助客户简化作业流程，提高服务质量、生产率，提升快速反应能力等。这样，物流企业以较少的投入促进了客户实际价值的提升，最终也提升了自身的核心竞争能力。

（2）培育核心能力

物流企业需要培养六大核心能力：物流资源（包括客户、信息、物流服务的资源）整合能力；各功能业务相互配合、紧密衔接、高效运转的物流业务运作能力；体制创新、组织创新、服务内容创新等物流服务的创新能力；条码与自动识别技术等物流信息技术的应用能力、物流信息管理系统等方面的应用能力；强化品牌意识，提升物流品牌的塑造能力；树立先进的营销理念，提高物流市场的营销能力。

目前，我国中小物流企业在六大核心能力上严重欠缺。中小物流企业要针对自身的实际状况，开展自我分析，找到关键的能力释放点，集中力量去改进与提升某一或某几方面的能力，形成自身的企业特色。

（3）发展虚拟物流

虚拟物流是以计算机网络技术进行物流运作与管理，实现企业间物流资源共享和优化配置的物流方式。中小物流企业可以通过贡献自己的核心能力，共同组成一条价值链，快速、精确、稳定地完成任务，满足物流市场多频度、小批量的物流需求。每个中小物流企业不可能都拥有物流过程所需的全部软件和硬件设施以及所有的物流服务能力，因此很难满足相应的物流服务需求。联盟中的中小物流企业可以利用现代化的信息平台，形成战略联盟，将物流业务流程进行有效的衔接，这样才能把各个物流企业的优势发挥到极致，更好地满足物流服务要求，实现战略联盟企业与客户的双赢。另外，利用虚拟物流还可以减少物流服务过程的重复操作，降低成本。

（4）提供差异化物流服务

在物流行业，差异化客户的存在是中小物流企业实施差异化战略的前提条件，也是中小物流企业提升竞争力的重点。专业化经营、差异化服务战略是中小物流企业利用自身的特色和专长，在深入了解行业所需要的物流服务特性的基础上，推出一些在全产业范围内都具有行业特色的服务，使用户对品牌产生偏好与忠诚。任何物流企业都不可能同时提供各种不同的服务，因此中小物流企业应当在准确的物流业务范围内，选择大中型物流企业经营的缝隙，实施差异化战略，将仓储、运输、包装、配送等物流环节进行整合，提供一套完整的物流增值服务，在物流核心业务基础上增加特别物流增值服务，体现自身的服务专业化和差异化。

7.4　实训内容

7.4.1　物流综合竞争实验参数设置

教师登录系统，在班级实验管理页面选择物流综合竞争实验系统，并点击页面右侧【参数设置】按钮，进入物流综合竞争实验参数设置页面，如图 7.1 所示。

图 7.1　物流综合竞争实验参数设置页面

7.4.1.1 行业背景设置

行业背景是指教师指定模拟实验中企业所属行业、所处的地理位置，并对该行业的详细情况进行描述。教师在管理菜单列点击【行业背景】按钮，进入行业背景定义页面，如图 7.2 所示。该页面上方显示系统中的行业背景信息，具体包括行业名称、位置、每周期市场份额以及行业描述。

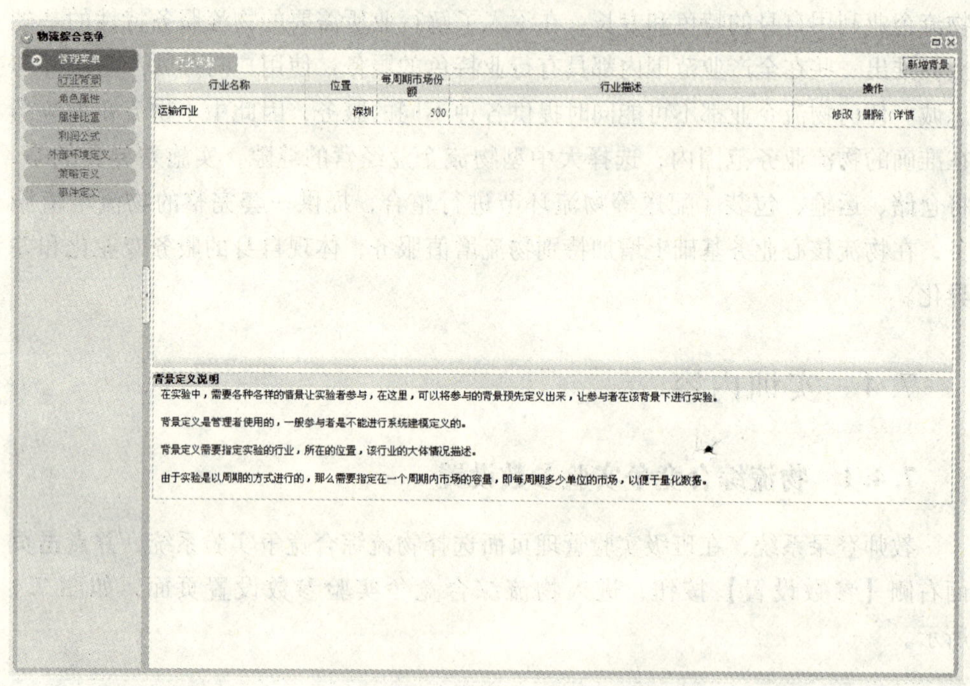

图 7.2 物流综合竞争实验行业背景定义页面

7.4.1.2 新增行业背景

在行业背景定义页面，教师点击右上角【新增背景】按钮，显示新增行业背景页面，如图 7.3 所示。正确输入行业名称、地理位置、每周期市场份额以及行业描述后，点击【确定】按钮，完成新增行业背景设置。

7.4.1.3 修改、删除和查看行业背景

在行业背景定义页面，教师点击列表右侧的【删除】按钮，可删除当列的行业背景，系统提示确认后删除完成。教师点击列表右侧的【修改】按钮，可修改当列的行业背景。教师点击列表右侧的【详情】按钮，可查看当列的行业背景详细信息。

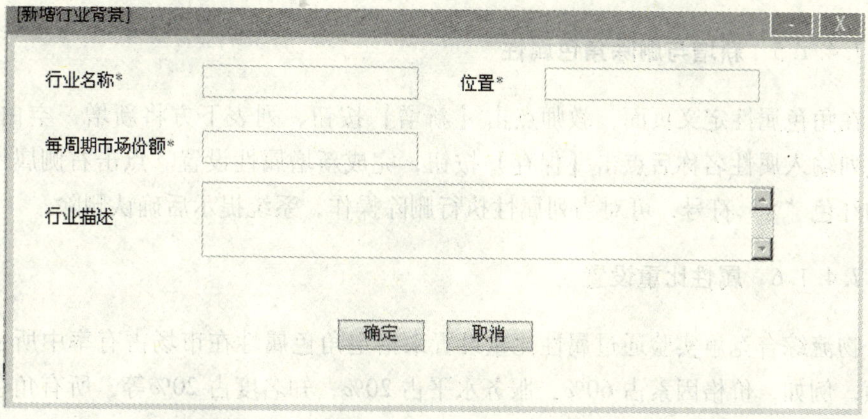

图 7.3　物流综合竞争实验新增行业背景页面

7.4.1.4　角色属性定义

角色是指实验者，他们在模拟实验中代表一个公司或者一个企业进行决策。角色有本身固有的一些属性。例如，对于运输行业来说，公司规模、运输成本、运输价格、运输速度、服务水平、知名度等都是重要属性；对于制造业来说，公司规模、产品价格、产品成本、产品质量、信誉度等都是重要属性。在实验中，所有这些属性都会以数值形式体现出来，让实验者直观感受角色的状态。

教师在管理菜单列点击【角色属性】按钮，显示页面如图 7.4 所示。该页面左侧显示角色列表，右侧则显示该角色对应的属性列表。

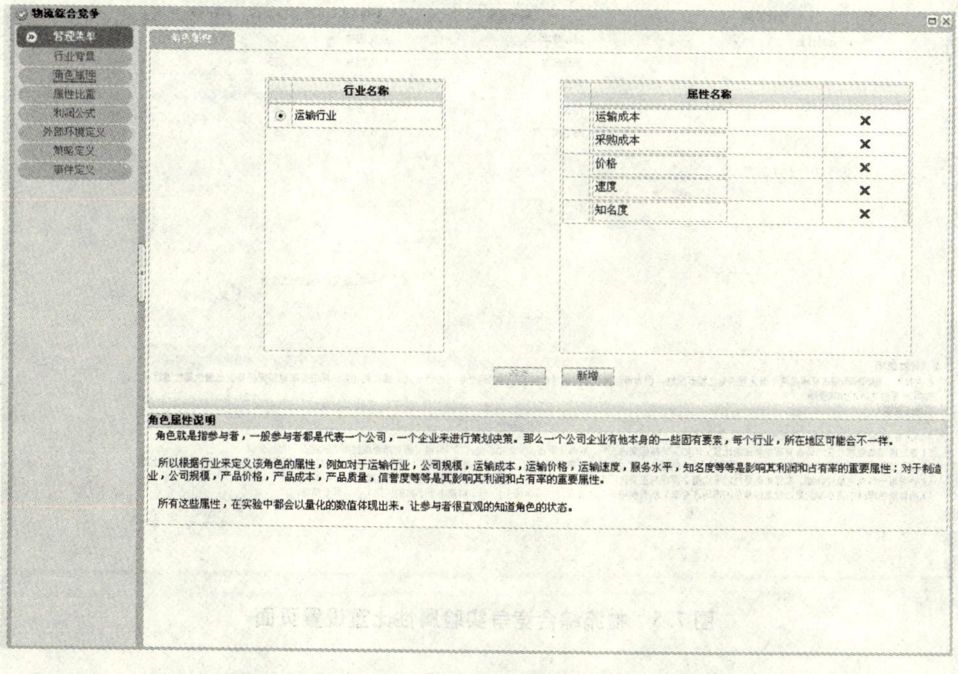

图 7.4　物流综合竞争实验角色属性定义页面

7.4.1.5 新增与删除角色属性

在角色属性定义页面，教师点击【新增】按钮，列表下方将新增一空白列，在该列输入属性名称后点击【保存】按钮，完成新增属性设置。点击右侧属性列表的红色“×”符号，可对当列属性执行删除操作，系统提示后确认删除。

7.4.1.6 属性比重设置

物流综合竞争实验通过属性比重设置来指定角色属性在市场占有率中所占的份额，例如，价格因素占60%，服务水平占20%，知名度占20%等，所有角色属性所占比例总和为100%。角色属性与市场占有率之间呈现正比例变化或者反比例变化关系。例如，价格与市场占有率之间呈反比例变化关系，即价格越高，那么市场占有率应该越低；服务水平与市场占有率之间呈正比例变化关系，即服务水平越高，那么市场占有率应该越高。

教师在管理菜单列点击【属性比重】按钮，显示页面如图 7.5 所示。该页面左侧显示行业信息，右侧显示该行业下的属性列表。教师首先在影响方式一栏中选择属性与市场占有率之间呈正比例变化还是反比例变化关系，然后在影响比重栏中输入其比重值，注意所有属性的影响比重之和必须为 100%。正确完成输入后，点击【保存】按钮，完成属性比重设置操作。

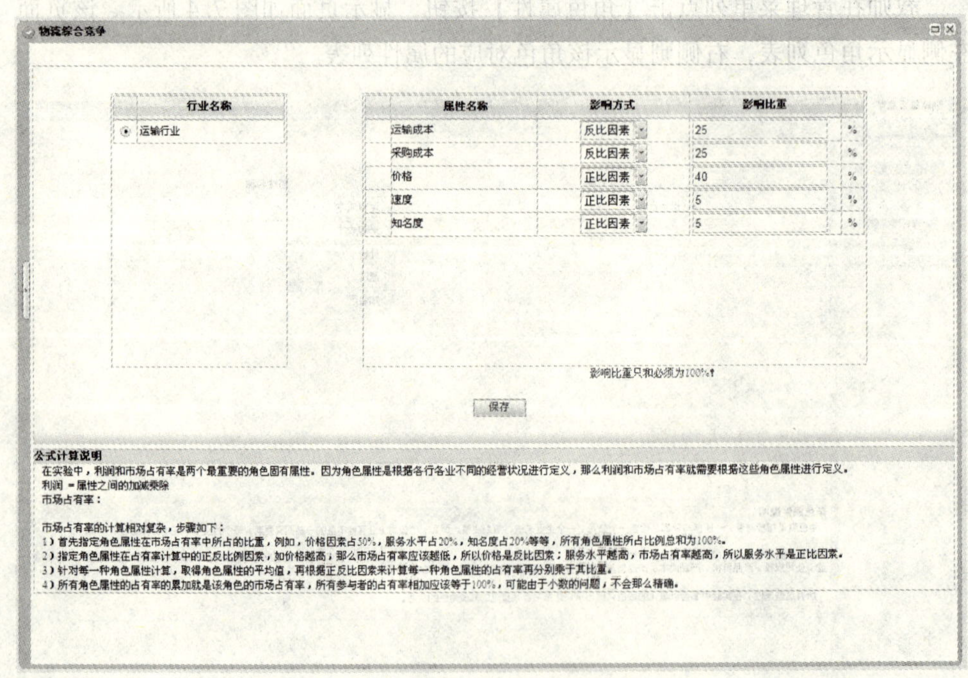

图 7.5　物流综合竞争实验属性比重设置页面

7.4.1.7　利润公式设置

利润是角色重要的固有属性，因为角色属性是根据各行各业不同的经营状况进行定义的，那么利润也需要根据这些角色属性进行定义。利润的计算公式为：

利润 = 属性之间的加减乘除

教师在管理菜单列点击【利润公式】按钮，进入利润公式设置页面，如图7.6所示。

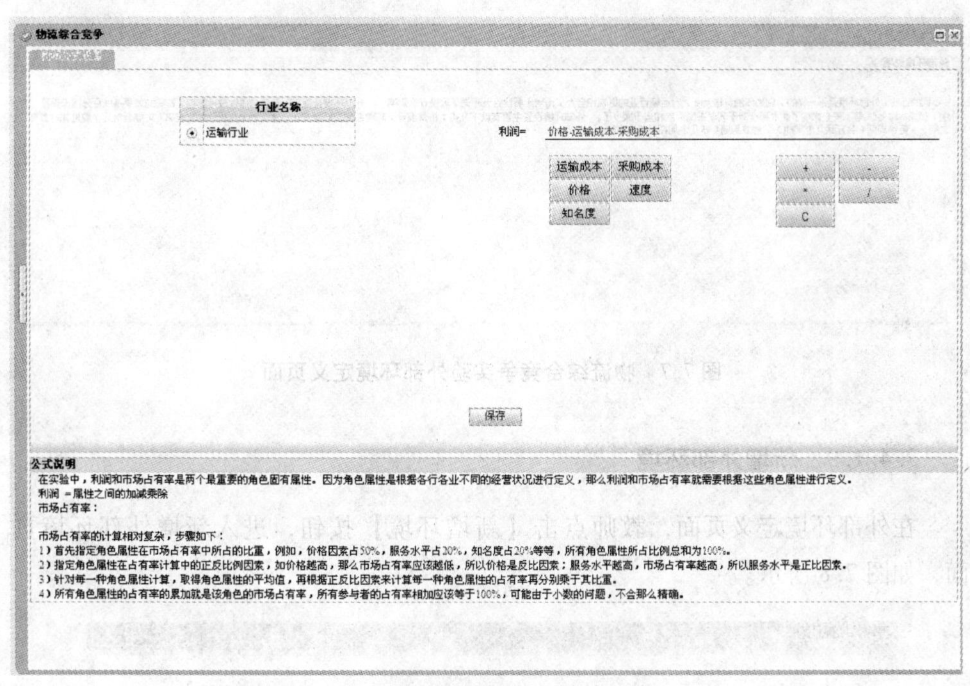

图7.6　物流综合竞争实验利润公式设置页面

该页面左侧显示已有的行业名称，右侧为利润设置板块。教师根据实际情况构建出一个利润计算公式后，点击【保存】按钮，保存该公式。在实验进行过程中，系统将根据该公式计算实验参与者的利润。

7.4.1.8　外部环境定义

外部环境是企业外部的政治环境、社会环境、技术环境、经济环境等的总称。外部环境直接对实验角色的属性产生影响。在本实验中，外部环境对属性产生的影响是通过角色属性值改变的百分比来度量的。例如，外部环境导致成本增加5%。教师在管理菜单列点击【外部环境定义】按钮，进入外部环境定义页面，如图7.7所示。外部环境设置主要包括：外部环境名称、外部环境描述、生效周期（以当前周期为起点，第几周开始生效）、影响周期（从生效周期开始，持续影响几个周期）。

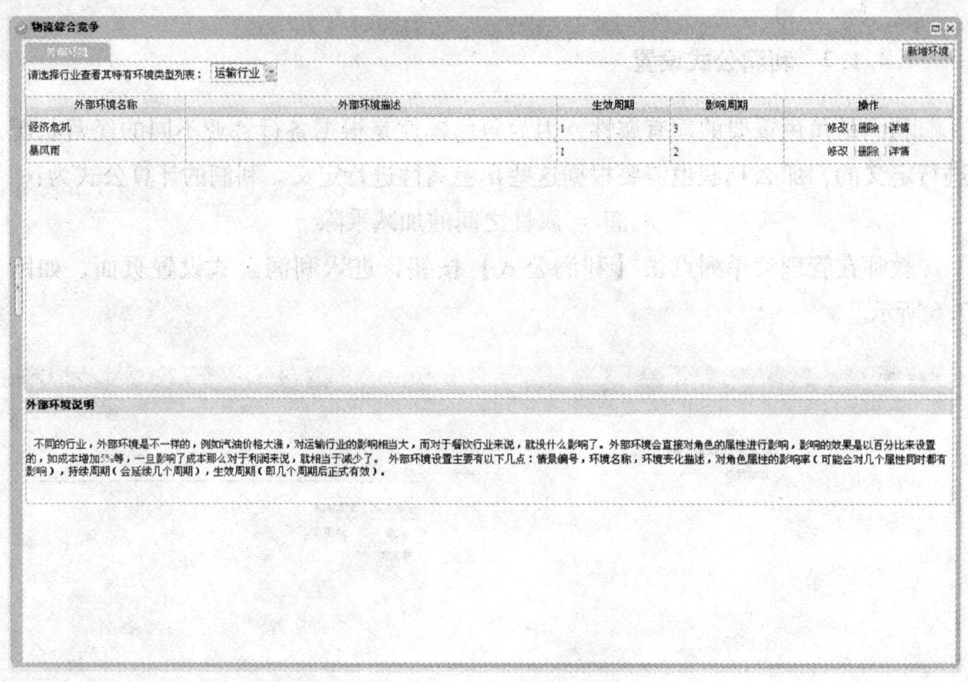

图 7.7　物流综合竞争实验外部环境定义页面

7.4.1.9　新增外部环境

在外部环境定义页面，教师点击【新增环境】按钮，进入新增外部环境页面，如图 7.8 所示。

[新增外部环境]

外部环境名称*　行业*　运输行业

生效周期*　影响周期*

描述

属性名称	状态	数值(%)

添加属性

确定　取消

图 7.8　物流综合竞争实验新增外部环境页面

教师输入外部环境名称、生效周期、影响周期等。正确输入外部环境后，开始增加该外部环境对属性产生的影响，一个外部环境可以对多个属性产生影响，且影响值也不相同。教师点击【添加属性】按钮，显示添加属性页面，如图 7.9 所示。选择一个属性，例如运输成本，再选择外部环境对该属性的影响是增长还是减少，最后输入影响数值，该影响值通过百分比来度量。正确完成输入后，点击【确定】按钮，完成添加属性操作。

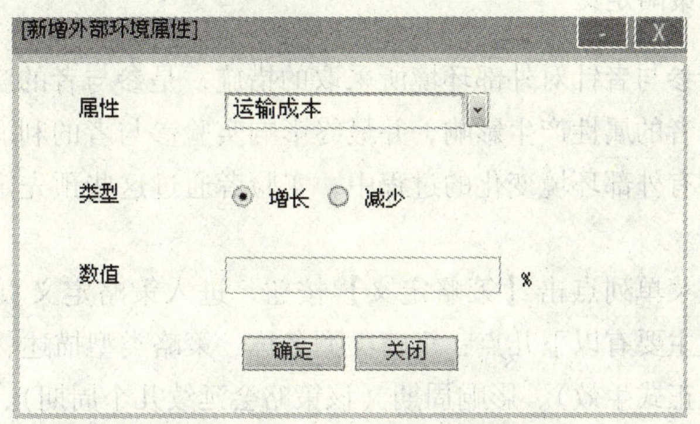

图 7.9　物流综合竞争实验新增外部环境属性页面

7.4.1.10　外部环境修改

在外部环境定义页面，教师点击列表中的【修改】按钮，显示页面如图 7.10 所示。教师直接修改外部环境名称、生效周期与影响周期即可。如要修改外部环境所影响的属性则可以进行删除和添加操作，点击红色“×”符号删除当列属性，点击【添加属性】按钮，可继续添加影响属性。

[修改外部环境类型]

外部环境名称* 经济危机　行业* 运输行业

生效周期* 1　影响周期* 3

描述

属性名称	状态	数值(%)	
采购成本	增加	10	×
运输成本	增加	10	×

添加属性

确定　取消

图 7.10　物流综合竞争实验修改外部环境页面

7.4.1.11　**删除和查看外部环境**

在外部环境定义页面，教师点击列表右侧的【删除】按钮，可删除当列的外部环境，系统提示确认后删除完成。教师点击列表右侧的【详情】按钮，可查看当列的外部环境详细信息。

7.4.1.12　**策略定义**

策略是实验参与者针对外部环境所采取的措施，是参与者的实验手段。策略直接对实验参与者的属性产生影响，并最终影响实验参与者的利润率。在有外部环境变化或者没有外部环境变化的过程中，实验者通过这些预先定义好的策略来获取更高的利润。

教师在管理菜单列点击【策略定义】按钮，进入策略定义页面，如图7.11所示。策略设置主要有以下几点：策略类型名称、策略类型描述、生效周期（该策略几个周期后正式生效）、影响周期（该策略会延续几个周期）、使用次数（限制使用者滥用策略）。策略的概念与外部环境类似，不同之处在于外部环境为实验管理者所使用，而策略为实验参与者所使用。在页面上方的下拉框选择一个行业背景后，下方列表则显示该行业背景下的策略列表。

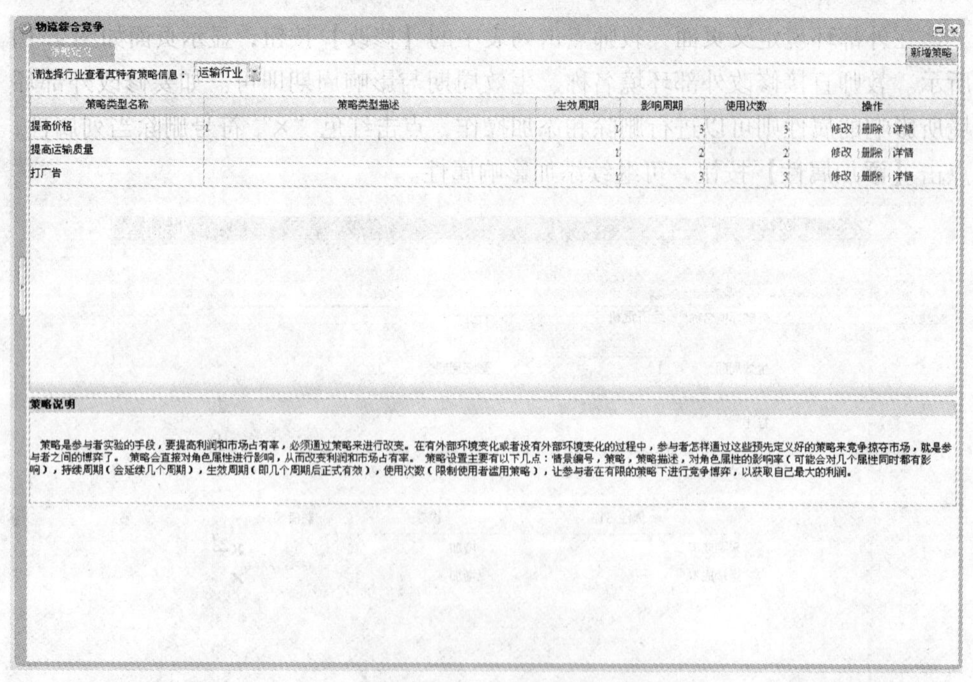

图7.11　物流综合竞争实验策略定义页面

7.4.1.13 新增策略

在策略定义页面，教师点击【新增策略】按钮，进入新增策略页面，如图 7.12 所示。

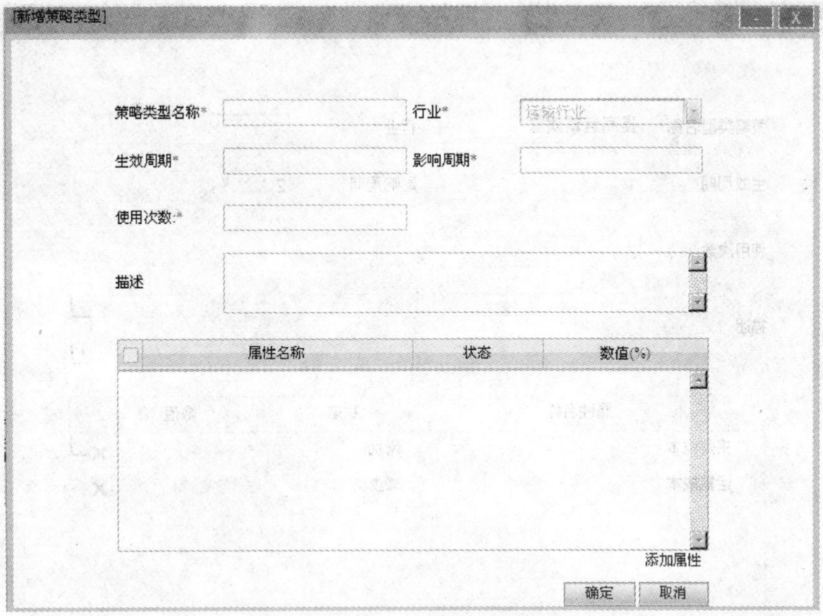

图 7.12 物流综合竞争实验新增策略页面

教师输入策略类型名称、生效周期、影响周期与使用次数。正确输入策略信息后，开始增加该策略所影响的属性，一个策略可以对多个属性产生影响，且影响值也不相同。教师点击【添加属性】按钮，显示添加属性页面，如图 7.13 所示。选择一个属性，例如运输成本，再选择策略对该属性的影响是增长还是减少，最后输入影响数值，该影响值通过百分比来度量。正确完成输入后，点击【确定】按钮，完成添加属性操作。

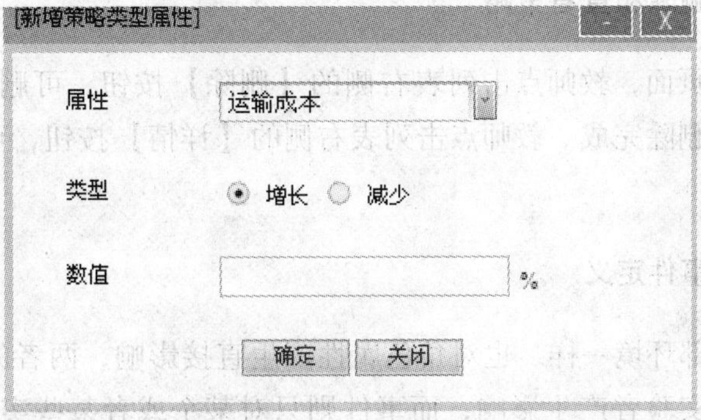

图 7.13 物流综合竞争实验新增策略属性页面

7.4.1.14 策略修改

在策略定义页面，教师点击列表中的【修改】按钮，可对当列策略进行修改操作，如图 7.14 所示。

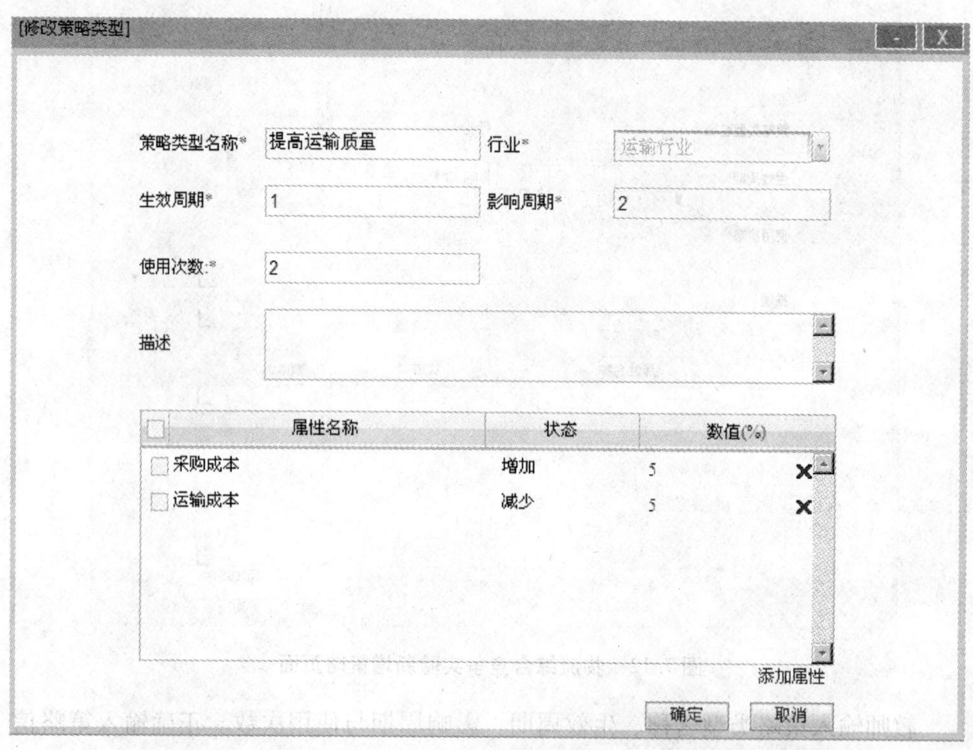

图 7.14 物流综合竞争实验策略修改页面

教师直接修改策略类型名称、生效周期、影响周期与使用次数即可。如要修改策略所影响的属性则可以进行删除和添加操作，点击红色“×”符号，删除当列属性，点击【添加属性】按钮可继续添加影响属性。

7.4.1.15 删除和查看策略

在策略定义页面，教师点击列表右侧的【删除】按钮，可删除当列的策略，系统提示确认后删除完成。教师点击列表右侧的【详情】按钮，可查看当列的策略详细信息。

7.4.1.16 事件定义

事件如同外部环境一样，也对角色属性产生直接影响，两者的主要区别在于外部环境对所有实验者产生影响，而事件则只对某个或者某些实验者产生影响。事件的发生是随机的，但有着相对的独立性。事件分为有益事件和有损事件。有益事件是指该事件的发生对实验者起到积极的作用，让实验者获得更多的利润。

有损事件是指该事件的发生对实验者产生不利影响，导致实验者利润减少。物流综合竞争实验有难易等级之分，在实验过程中，主要通过事件的触发条件来区分实验的难易等级。针对简单实验等级，有益事件触发的概率大，而有损事件触发的概率小；针对困难实验等级，有益事件触发的概率小，而有损事件触发的概率大。

事件设置主要包括以下几点：事件类别（有益或有损）、事件名称、事件描述、对角色属性的影响率（事件可能会对几个属性同时都有影响）、生效周期（几个周期后事件正式生效）、持续周期（事件会延续几个周期）。教师在管理菜单列点击【事件定义】按钮，进入事件定义页面，如图 7.15 所示。在页面上方【行业】下拉框中选择一个行业后，列表则显示该行业的事件。

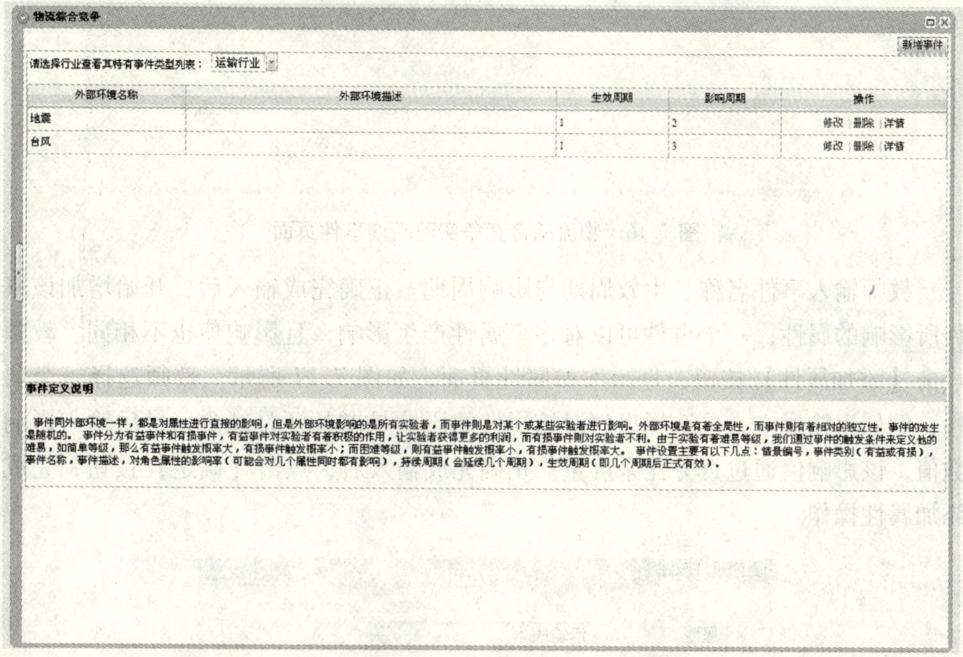

图 7.15　物流综合竞争实验事件定义页面

7.4.1.17　新增事件

在事件定义页面，教师点击【新增事件】按钮，进入新增事件页面，如图 7.16 所示。

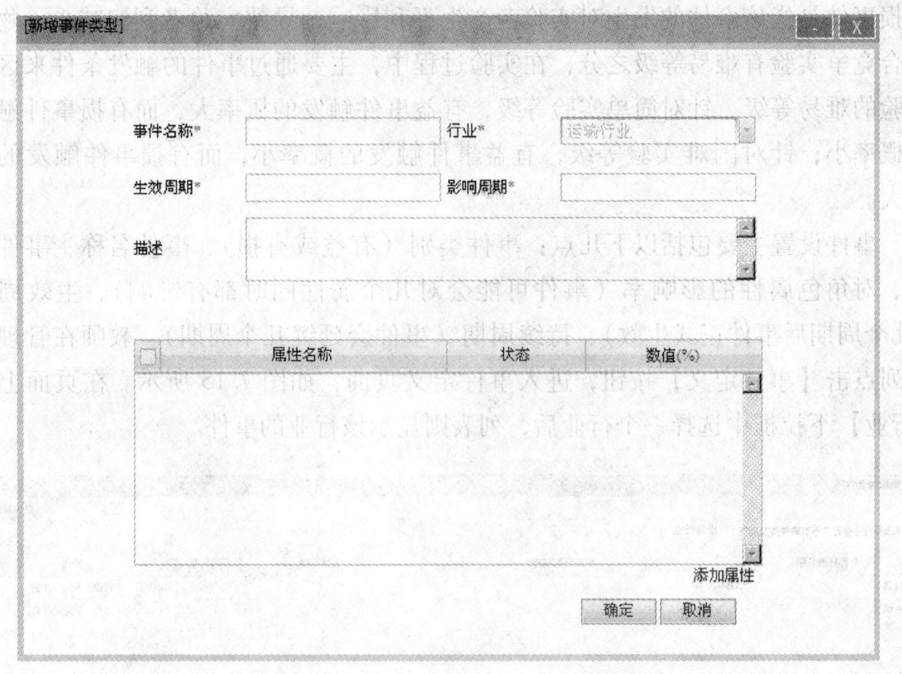

图 7.16　物流综合竞争实验新增事件页面

教师输入事件名称、生效周期与影响周期。正确完成输入后，开始增加该事件所影响的属性，一个事件可以对多个属性产生影响，且影响值也不相同。教师点击【添加属性】按钮，显示添加属性页面，如图 7.17 所示。教师选择一个属性，例如运输成本，再选择事件对该属性的影响是增长还是减少，最后输入影响数值，该影响值通过百分比来度量。正确完成输入后，点击【确定】按钮，完成添加属性操作。

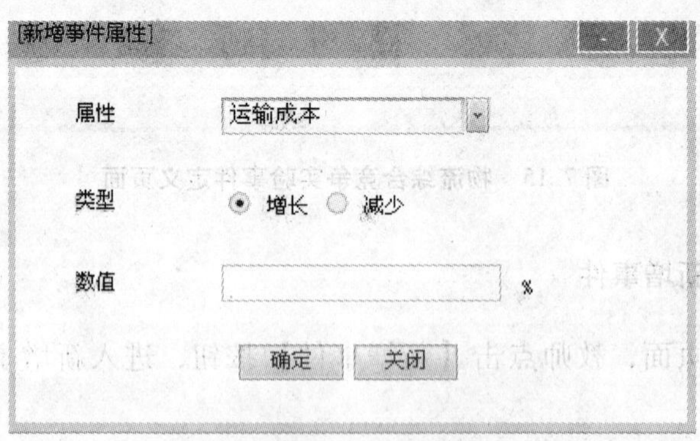

图 7.17　物流综合竞争实验添加属性页面

7.4.1.18　事件修改

在事件定义页面，教师点击列表中的【修改】按钮，可对当列事件进行修改操作，显示页面如图 7.18 所示。教师直接修改事件名称、生效周期以及影响周期即可。如要修改事件所影响的属性则可以进行删除和添加操作，点击红色“×”符号，删除当列属性，点击【添加属性】按钮，可继续添加影响属性。

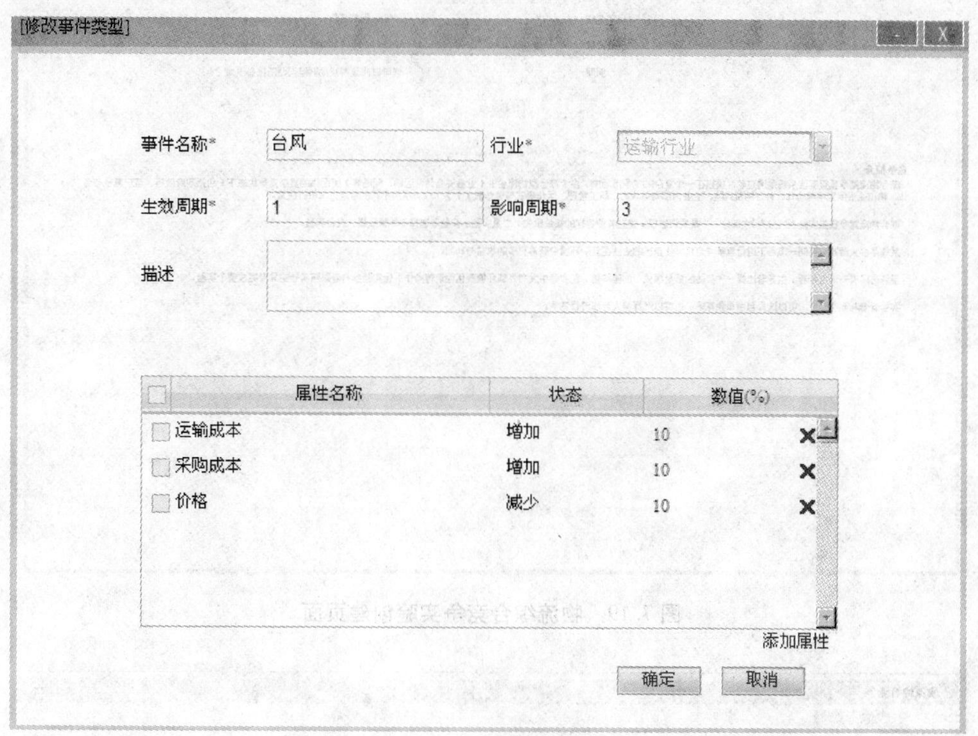

图 7.18　物流综合竞争实验修改事件页面

7.4.1.19　**删除和查看事件**

在事件定义页面，教师点击列表右侧的【删除】按钮，可删除当列的事件，系统提示确认后删除完成。教师点击列表右侧的【详情】按钮，可查看当列事件的详细信息。

7.4.2　物流综合竞争实验创建

教师在班级实验管理页面点击【新建实验】按钮，进入物流综合竞争实验创建页面，如图 7.19 所示。教师选择一个行业背景后，输入实验名称、玩家名称和实验周期数（周期为 20~35）。正确完成输入后，点击【创建实验】按钮，物流综合竞争实验创建成功，进入等待参与者页面见图 7.20。

物流综合竞争

创建实验

实验名称　请输入实验名称

玩家名称　请输入玩家名称

行业背景　---请选择---　请选择一项行业背景

周期　您可以修改游戏周期但周期范围必须为 20-30

创建实验

竞争简介

综合物流竞争模拟实验系统是通过软件模拟在一个复杂的竞争市场中，多个综合型物流企业（业务有仓储、运输、配送等）所面临的复杂竞争状态下（包括政府政策、客户竞争与合作、物流企业间竞争与合作、外部随机风险、企业内部财务状态、职工管理、运作模式等等参数），各个企业运用不同的管理方法进行决策。

综合物流竞争模拟实验系统分为2大部分，一是系统建模，建立各种各样的情景模式；二是实验，实验者选择一种情景模式进行实验。

系统是多人游戏，在同一市场下进行竞争与合作，让自己的企业在复杂环境中获得更多的收益与利润。

系统必须有一个主导者，主导者选择一种实验的情景模式，创建实验，在实验中发布外部环境变化因素等操作，让实验参与者跟随实验主导者完成整个实验。

实验者参与到实验中，可以选择自由单独竞争，也可以选择与人合作进行竞争。

图 7.19　物流综合竞争实验创建页面

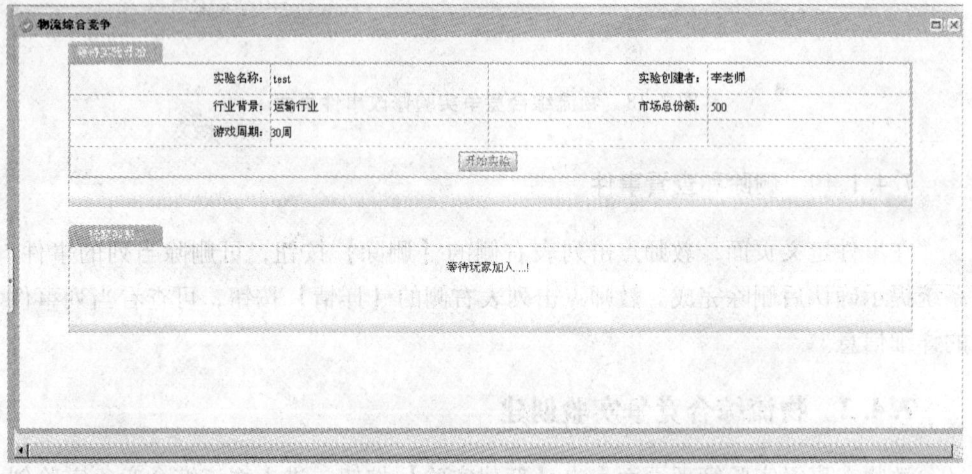

图 7.20　物流综合竞争实验等待参与者加入页面

当有参与者加入时，页面下方玩家列表中会显示参与者的信息列表，包括参与者名称与角色属性等。页面右侧的【踢出】按钮能强制使当列参与者退出实验。在数据列表中，除占有率和利润之外，其他数据均从角色属性中读取，初始值是参与者加入时自动设定的。教师确认参与者都进入实验后，点击【开始实验】，实验开始。实验开始后其他人不能再加入实验。

7.4.3　物流综合竞争实验加入

学生在教师创建实验完成后可以加入其创建的实验。学生登录系统，勾选教师创建成功的物流综合竞争实验，并点击【进入实验】按钮，进入参与者的基本信息设置页面，如图 7.21 所示。

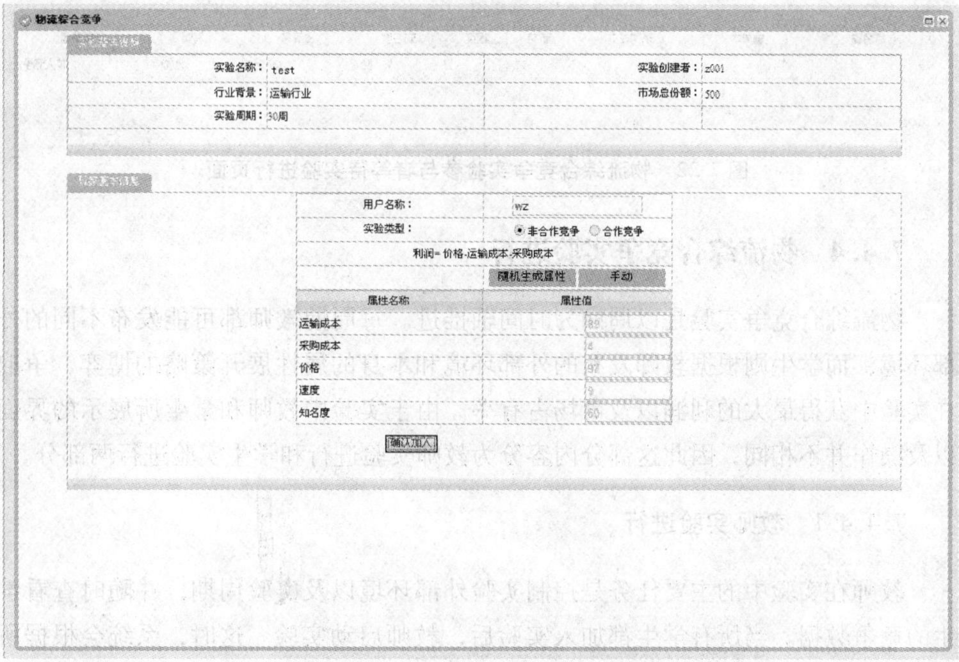

图 7.21　物流综合竞争实验参与者基本信息页面

该页面上方显示实验的基本信息，具体包括实验名称、实验创建者、行业背景、市场总份额以及实验周期。页面下方为参与者信息。学生输入参与者名称后，选择参与实验的类型：非合作竞争或合作竞争。

非合作竞争类型是指实验参与者在实验过程中所采取的策略只影响实验参与者本身，并不影响其他参与者。例如，A 参与者为非合作竞争类型，其在实验过程中使用涨价策略，则该策略只影响 A 本身的价格，不影响其他参与者的价格。合作竞争类型是指实验参与者在实验过程中采取的策略将影响同一组参与者。例如，B 参与者为合作竞争类型，其在实验中使用涨价策略，则该策略会影响同一组中其他参与者的价格。

若实验参与者在合作竞争类型下无群组，则可点击【新建】创建一个群组。属性列表从参数设置中读取，参与者加入时，系统会随机赋予初始值。点击【随机生成属性】按钮，可再次生成随机属性。点击【手动】按钮，用户可自己输入属性的初始值。

确认信息后，学生点击【确认加入】按钮，进入等待其他参与者页面，如图

7.22 所示。

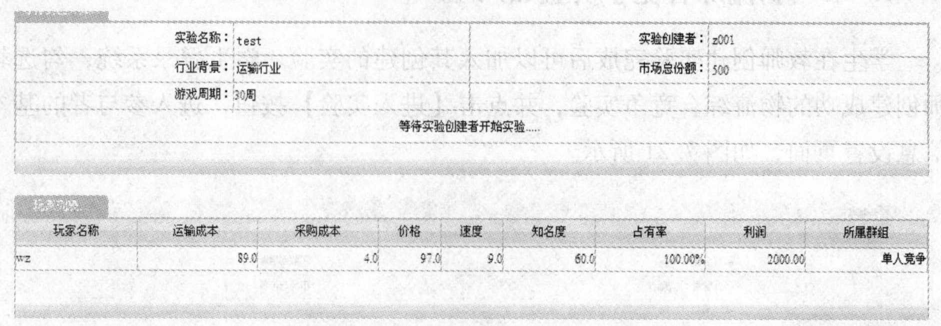

图 7.22　物流综合竞争实验参与者等待实验进行页面

7.4.4　物流综合竞争实验进行

物流综合竞争实验是以周期为时间轴推进。每周期教师都可能发布不同的外部环境，而学生则根据教师发布的外部环境和本身的属性展开策略的博弈，争取在实验中获得最大的利润以及市场占有率。由于实验中教师和学生所展示的界面以及操作并不相同，因此这部分内容分为教师实验进行和学生实验进行两部分。

7.4.4.1　教师实验进行

教师在实验中的主要任务是控制实验外部环境以及实验周期，并随时查看学生的竞争数据。当所有学生都加入实验后，教师启动实验。这时，系统会根据所有参与者的角色属性自动计算每个角色的利润和市场占有率。每一个参与者都可以在页面上看到自己的属性、利润和市场占有率。教师实验进行页面如图 7.23 所示。该页面上方显示实验的基本信息，中左方显示外部环境列表，中右方显示进入下一周期按钮和未准备参与者列表，页面下方则显示参与者数据列表。在实验进行中，教师可点击不同按钮查看不同的数据报表，包括市场占有率分布图、市场占有率变化曲线、利润变化曲线以及历史数据。

（1）教师控制实验周期

在实验开始后，物流综合竞争实验进入第一个周期。当每一周期所有学生完成相关操作后，教师点击【进入下一周期】按钮，实验进入下一周期。教师实验进行页面显示当前周期和实验的总周期数。

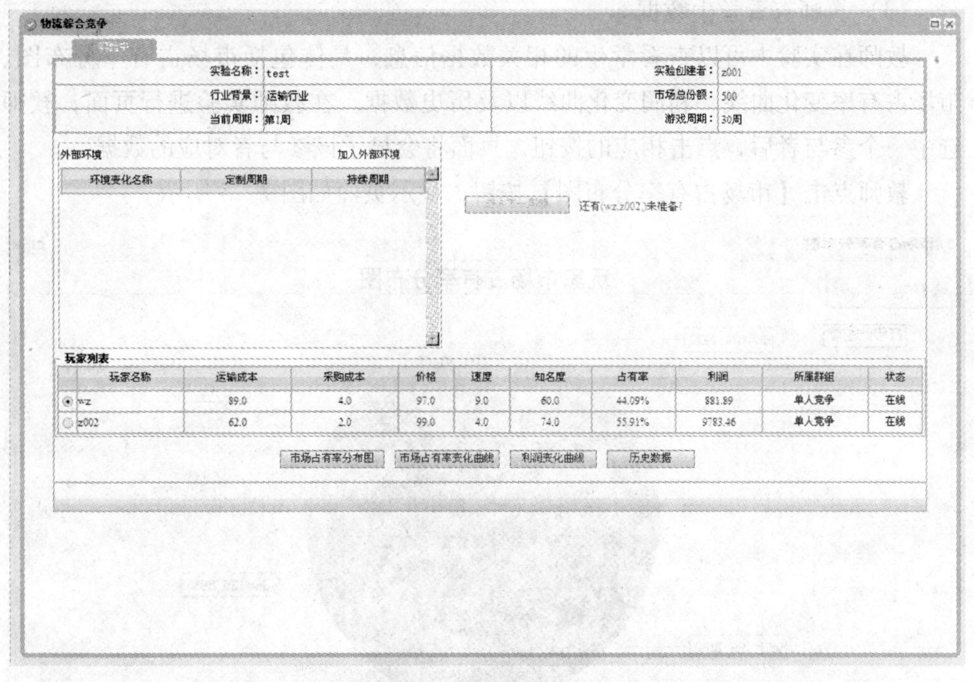

图 7.23　物流综合竞争实验教师实验进行页面

（2）教师添加外部环境

外部环境在系统参数设置中已经建好，物流综合竞争实验开始后，教师可点击【加入外部环境】按钮，向本次实验引入外部环境。加入外部环境页面如图 7.24 所示。【外部环境】下拉框中显示系统参数设置时制定的所有外部环境列表。教师选中一个外部环境后，页面下方显示该外部环境的详细信息，具体包括定制周期、生效周期、影响周期以及对属性的影响值。教师点击【确定】按钮，完成对该外部环境添加操作。在实验过程中，每一周期教师可添加多个外部环境。添加外部环境成功后，在教师实验进行页面中间左侧显示外部环境列表。

加入策略

外部环境：经济危机

定制周期：1 周

生效周期：1 周

影响周期：3 周

属性名称	状态	数值(%)
采购成本	增加	10
运输成本	增加	10

确定　取消

图 7.24　教师添加外部环境页面

（3）教师查看学生数据

教师在实验中可以查看学生的相关数据信息，具体包括市场占有率分布图、市场占有率变化曲线、利润变化曲线以及历史数据。在教师实验进行页面，教师选中一个参与者后，点击相应的按钮，页面将会显示该参与者对应的数据。

教师点击【市场占有率分布图】按钮，显示页面如图 7.25 所示。

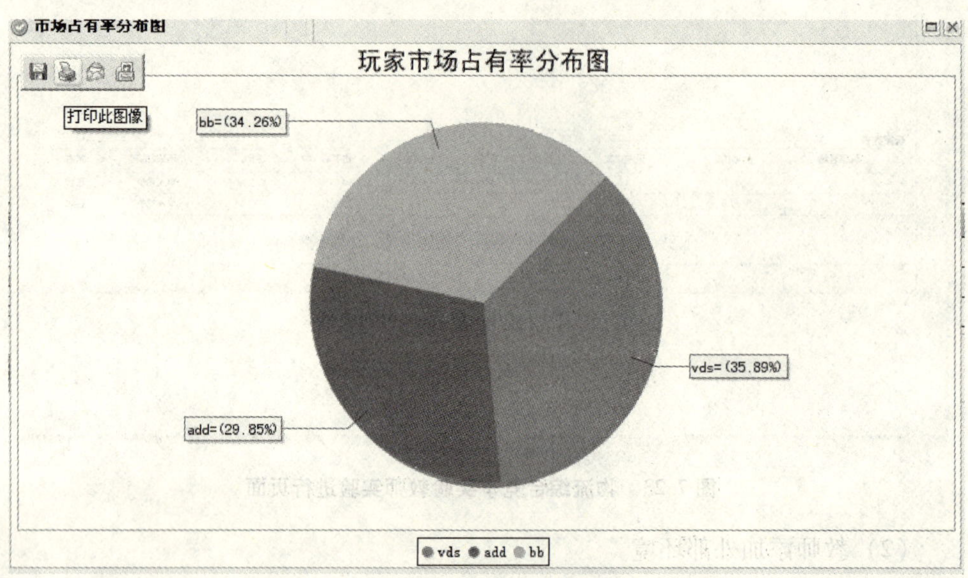

图 7.25　教师查看参与者市场占有率分布图

教师点击【利润变化曲线】按钮，显示页面如图 7.26 所示。

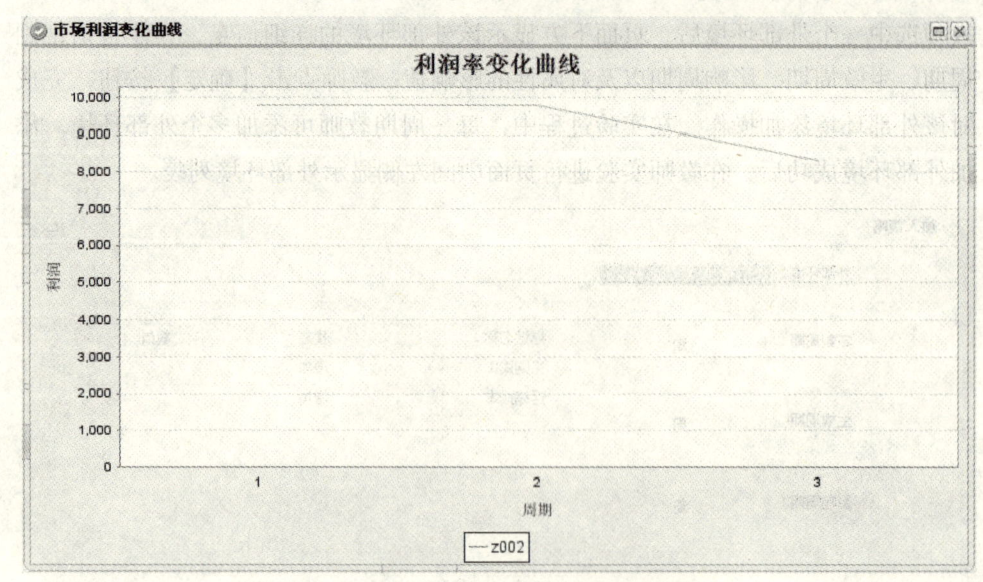

图 7.26　教师查看参与者利润变化曲线图

教师点击【历史数据】按钮，显示页面如图 7.27 所示。

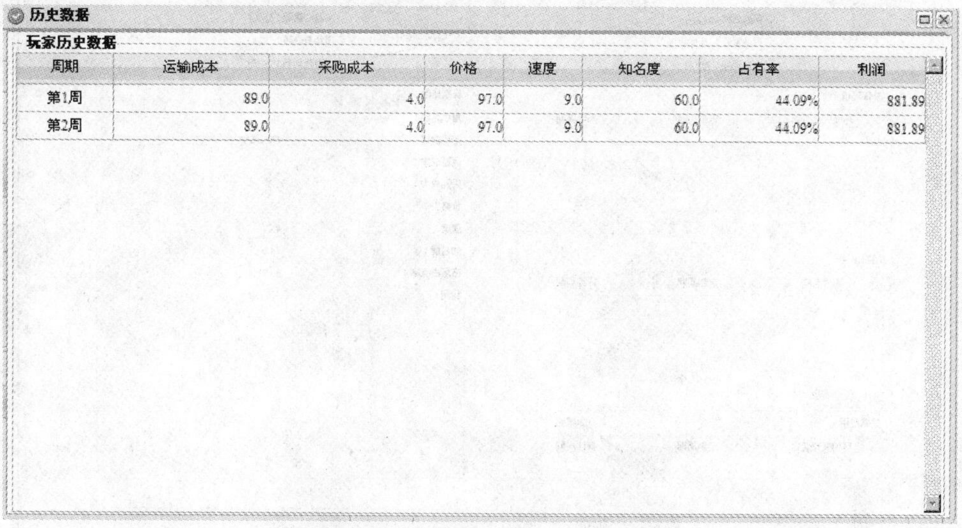

历史数据

玩家历史数据

周期	运输成本	采购成本	价格	速度	知名度	占有率	利润
第1周	89.0	4.0	97.0	9.0	60.0	44.09%	881.89
第2周	89.0	4.0	97.0	9.0	60.0	44.09%	881.89

图 7.27　教师查看参与者历史数据页面

7.4.4.2　学生实验进行

在实验过程中，学生的主要操作包括：计算利润和市场占有率；浏览教师发布的外部环境的生效周期、持续周期和对角色属性的影响，并计算每一周期内生效的外部环境数目；注意有无突发事件发生，以及其对自身所产生的影响；根据外部环境变化和事件变化选择相应策略来应对。

（1）学生计算利润与市场占有率

在实验开始后，学生根据初始属性计算其市场占有率与利润，页面如图 7.28 所示。该页面上方显示实验的基本信息，页面中左侧显示外部环境列表、随机事件列表以及策略应用列表，页面中右侧显示参与者当前各种属性的数据信息，其中包括利润和市场占有率信息。

（2）学生加入策略

学生在计算利润与市场占有率页面点击【加入策略】按钮，显示页面如图 7.29 所示。【策略】下拉框中为系统参数设置过程中制定的所有策略列表。学生选中一个策略后，页面下方显示该策略的详细信息，具体包括可使用次数、已使用次数、定制周期、生效周期、影响周期以及对属性的影响值。学生点击【确定】按钮后，完成该策略添加操作。在实验过程中，每一周期学生可添加多个策略，策略成功添加后，在页面下方左侧显示策略的列表。

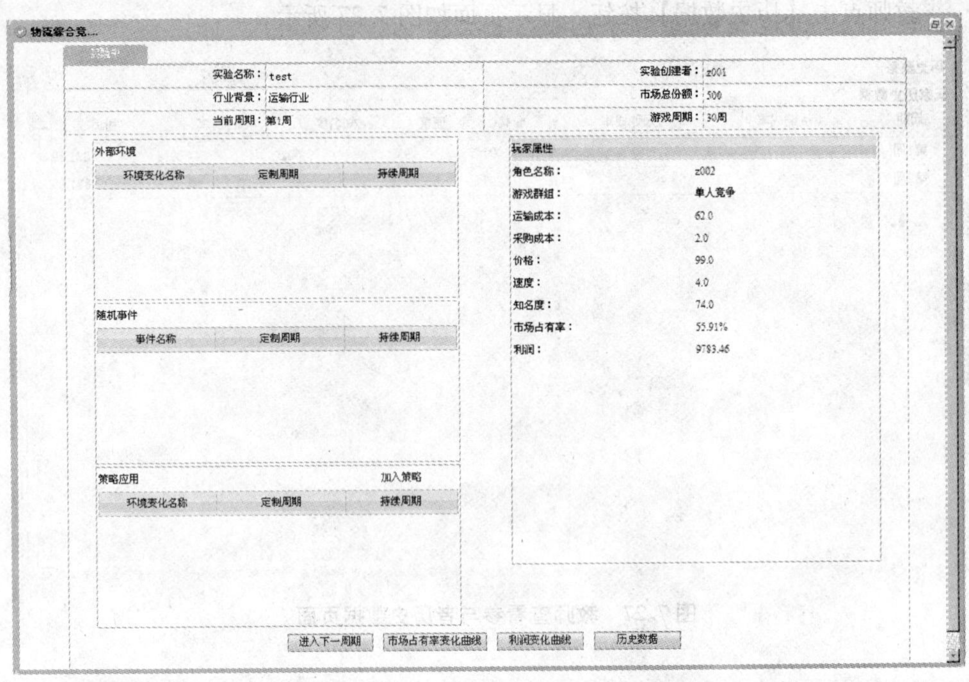

图 7.28　学生计算利润与市场占有率页面

加入策略

策略：提高价格

可使用次数：3 次

属性名称	状态	数值(%)
价格	增加	20

已用次数：0 次

定制周期：1 周

生效周期：1 周

影响周期：3 周

确定　取消

图 7.29　学生添加策略页面

(3) 学生查看自身数据

学生在实验中可以查看自身数据，具体包括市场占有率变化曲线、利润变化曲线以及历史数据。学生点击相应的按钮，页面将会显示该参与者对应的数据。

（4）学生进入下一周期

学生确认添加策略完毕后，点击【进入下一周期】按钮，进入等待其他参与者状态。待全部参与者都进入准备状态后，教师点击【进入下一周期】，实验进入下一周期。

7.4.5 物流综合竞争实验结束

当最后一个周期的实验完成后，实验结束。系统通过报表分析每个参与者的市场占有率和利润对比情况，页面如图 7.30 所示。学生通过数据总结在实验中策略使用的优劣。

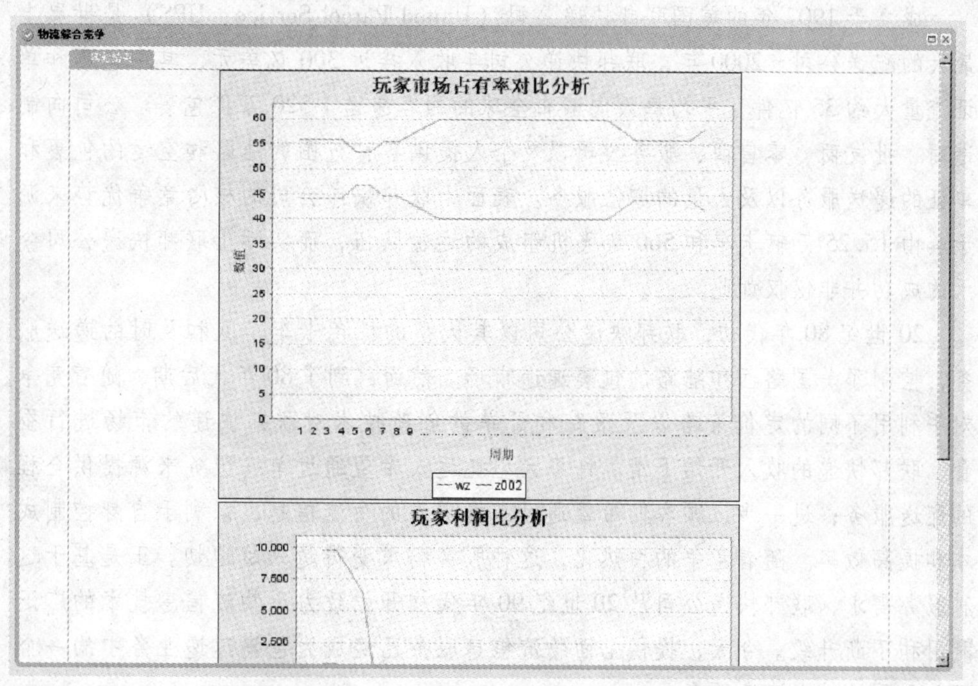

图 7.30 参与者利润与市场占有率对比页面

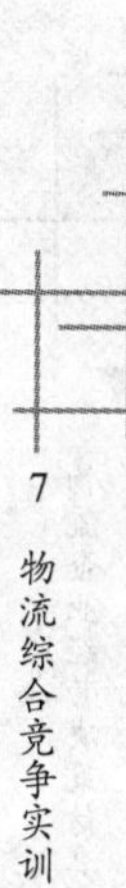

7.5 实训报告

本实训报告建议内容包括：

（1）实训名称

（2）所属课程名称

（3）学生姓名、学号以及指导教师

（4）实训日期（年、月、日）和地点

（5）实训目的

（6）实训内容

（7）实训环境和器材

（8）实训步骤

（9）实训结果

（10）实训总结

扩展阅读

UPS 核心竞争优势　现代物流技术

成立于1907年的美国联邦快递公司（United Parcel Service，UPS）是世界上最大的配送公司。2000年，联邦快递公司年收入接近300亿美元，其中包裹和单证流量大约35亿件，平均每天向遍布全球的顾客递送1 320万件包裹。公司向制造商、批发商、零售商、服务公司以及个人提供各种范围的陆路和空运的包裹和单证的递送服务以及大量的增值服务。表面上联邦快递公司的核心竞争优势来源于其由15.25万辆卡车和560架飞机组成的运输队伍，而实际上联邦快递公司今天的成功并非仅仅如此。

20世纪80年代初，联邦快递公司以其大型的棕色卡车车队和及时的递送服务，控制了美国路面和陆路的包裹速递市场。然而，到了80年代后期，随着竞争对手利用不同的定价策略以及跟踪和开单的创新技术对联邦快递的市场进行蚕食，联邦快递的收入开始下滑。许多大型托运人希望通过单一服务来源提供全程的配送服务；进一步，顾客们希望通过掌握更多的物流信息，以利于自身控制成本和提高效率。随着竞争的白热化，这种服务需求变得越来越迫切。正是基于这种服务需求，联邦快递公司从20世纪90年代初开始致力于物流信息技术的广泛利用和不断升级。今天，提供全面物流信息服务已经成为包裹速递业务中的一个至关重要的核心竞争要素。

联邦快递公司通过应用三项以物流信息技术为基础的服务提高了竞争能力：

第一，条形码和扫描仪使联邦快递公司能够有选择地每周7天、每天24小时跟踪和报告装运状况。顾客只需拨个免费电话号码，即可获得"地面跟踪"和航空递送这样的增值服务。

第二，联邦快递公司的递送驾驶员现在携带着以数控技术为基础的笔记本电脑到排好顺序的线路上收集递送信息。这种笔记本电脑使驾驶员能够用数字记录装运接受者的签字，以提供收货核实。联邦快递公司通过电脑协调驾驶员信息，减少了差错，加快了递送速度。

第三，联邦快递公司最先进的信息技术应用，是创建于1993年的一个全美无线通信网络，该网络使用了55个蜂窝状载波电话。蜂窝状载波电话技术使驾驶员能够把实时跟踪的信息从卡车上传送到联邦快递公司的中央电脑。无线移动技术和系统能够提供电子数据储存，并能恢复跟踪公司在全球范围内的数百万笔递送业务。通过安装卫星地面站和扩大系统，到1997年实时包裹跟踪成为了现实。

以联邦快递为代表的企业应用和推广的物流信息技术是现代物流的核心，是物流现代化的标志。尤其是飞速发展的计算机网络技术的应用，使物流信息技术达到新的水平。物流信息技术也是物流技术中发展最快的领域，从数据采集的条形码系统，到办公自动化系统中的微机、互联网，各种终端设备等硬件以及计算机软件等都在日新月异地发展。同时，随着物流信息技术的不断发展，产生了一系列新的物流理念和新的物流经营方式，推进了物流的变革。今天来看，物流信息技术主要由通信、软件、面向行业的业务管理系统三大部分组成，包括基于各种通信方式基础上的移动通信手段、全球卫星定位（GPS）技术、地理信息（GIS）技术、计算机网络技术、自动化仓库管理技术、智能标签技术、条形码及射频技术、信息交换技术等现代尖端科技。在这些尖端技术的支撑下，形成了以移动通信、资源管理、监控调度管理、自动化仓储管理、业务管理、客户服务管理、财务处理等多种信息技术集成的一体化现代物流管理体系。譬如，运用卫星定位技术，用户可以随时看到自己货物的状态，包括运输货物车辆所在的位置（某座城市的某条道路上）、货物名称、数量、重量等。这不仅大大提高了监控的透明度，降低了货物的空载率，做到资源的最佳配置，而且有利于顾客通过掌握更多的物流信息，以控制成本和提高效率。

资料来源：网络事业部. UPS核心竞争优势 现代物流技术［EB/OL］.（2004-07-22）http://www.chinawuliu.com.cn/information/200407/22/150377/shtml.

参考文献

[1] 陈雅萍. 第三方物流 [M]. 北京：清华大学出版社，2013.

[2] 程淑丽. 物流管理职位工作手册 [M]. 北京：人民邮电出版社，2012.

[3] 冯耕中，刘伟华. 物流与供应链管理 [M]. 北京：中国人民大学出版社，2010.

[4] 傅莉萍. 物流信息系统案例与实训 [M]. 北京：中国农业大学出版社，2009.

[5] 韩杨，刘娜. 物流运输管理实务 [M]. 北京：清华大学出版社，2014.

[6] 何庆斌. 仓储与配送管理 [M]. 上海：复旦大学出版社，2011.

[7] 花永剑. 快递公司物流运营实务 [M]. 北京：清华大学出版社，2013.

[8] 霍红，吴绒. 第三方物流企业经营与管理 [M]. 北京：中国财富出版社，2015.

[9] 姜大立. 物流仓储与配送管理实训 [M]. 北京：中国劳动社会保障出版社，2006.

[10] 黎继子，杨卫丰. 物流管理 [M]. 北京：北京交通大学出版社，2011.

[11] 李创，王丽萍. 物流管理 [M]. 北京：清华大学出版社，2008.

[12] 李玉萍，张晓林. 物流管理 [M]. 北京：中国农业大学出版社，2014.

[13] 李育蔚. 仓储物流精细化管理全案 [M]. 北京：人民邮电出版社，2015.

[14] 李育蔚. 物流精细化管理全案 [M]. 北京：人民邮电出版社，2013.

[15] 梁云. 供应链模式下物流与电子商务综合实训教程 [M]. 成都：西南财经大学出版社，2012.

[16] 刘雅丽，焦建红. 物流综合技能实训 [M]. 北京：北京师范大学出版社，2012.

[17] 刘志学，许泽勇. 基于非对称信息理论的第三方物流合作博弈分析 [J]. 中国管理科学，2003 (5).

[18] 陆薇，宋秀丽，高深. 汽车企业物流与供应链管理及经典案例分析 [M]. 北京：机械工业出版社，2013.

[19] 马士华，林勇. 供应链管理 [M]. 北京：机械工业出版社，2000.

[20] 屈冠银. 电子商务物流管理 [M]. 北京：机械工业出版社，2012.

[21] 尚福久，马晓波，金科. 物流信息技术实训 [M]. 北京：北京交通大学出版社，2011.

[22] 宋洋. 物流情景综合实训 [M]. 北京：清华大学出版社，2011.

[23] 孙瑛，韩杨，刘娜. 物流运输管理实务 [M]. 北京：清华大学出版社，2011.

[24] 田源. 仓储管理 [M]. 北京：机械工业出版社，2009.

[25] 王成林，付青叶. 物流实验实训教程 [M]. 北京：中国财富出版社，2013.

[26] 王连新. 仓储物流管理实务培训图表书 [M]. 北京：中国经济出版社，2013.

[27] 王耀球，施先亮. 供应链管理 [M]. 北京：机械工业出版社，2005.

[28] 邬星根. 仓储与配送管理 [M]. 上海：复旦大学出版社，2005.

[29] 吴健. 电子商务物流管理 [M]. 北京：清华大学出版社，2013.

[30] 吴庆，但斌. 低值易逝品的第三方物流收入共享协调合同研究 [J]. 管理工程学报，2009 (3).

[31] 吴庆，但斌. 物流服务水平影响市场需求变化的 TPL 协调合同 [J]. 管理科学学报，2008 (5).

[32] 吴群. 物流与供应链管理 [M]. 北京：北京大学出版社，2015.

[33] 谢天帅，李军. 第三方物流服务定价博弈分析 [J]. 系统工程学报，2008 (6).

[34] 徐震宇. 物流管理实战全案 [M]. 厦门：鹭江出版社，2011.

[35] 晏妮娜，黄小原. 基于第三方逆向物流的闭环供应链模型及应用 [J]. 管理科学学报，2008 (4).

[36] 叶靖. 仓储配送中心布局与管理实训手册 [M]. 北京：清华大学出版社，2011.

[37] 张佺举，张洪. 物流管理 [M]. 北京：北京大学出版社，2014.

[38] 张余华. 现代物流管理 [M]. 北京：清华大学出版社，2010.

[39] 赵林度. 供应链与物流管理 [M]. 北京：机械工业出版社，2003.

[40] 啤酒案例与牛鞭效应 [EB/OL]. (2010-09-28) http://www.haicent.com/List.asp? ID=12353.

[41] 谢乒. 可口可乐的“101”战术 [EB/OL]. (2004-11-18) http://www.chinawuliu.com.cn/xsyj/200411/18/132666.shtml

[42] 顺丰：智能物流系统之自动分拣系统 [EB/OL]. (2016-02-25) http://www.100ec.cn/detail--6314360.html.

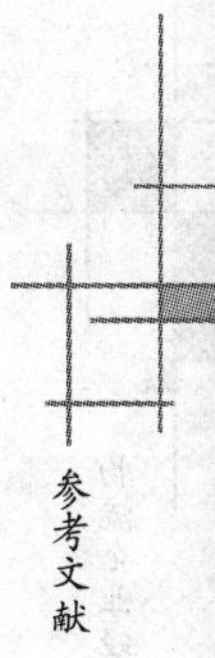

[43] 中国电子商务研究中心．宅急送信息化系统提升物流配送服务水平［EB/OL］．（2011-11-10）http://www.chinawuliu.com.cn/information/201110/10/169272.shtml.

[44] 网络事业部．UPS 核心竞争优势 现代物流技术［EB/OL］．（2004-07-22）http://www.chinawuliu.com.cn/information/200407/22/150377/shtml.

[45] 孟庆泽．组建联盟是航企扭亏为盈的有效途径［N/OL］．现代物流报，2014-03-25．http://news.xd56b.com/shtml/xdwlb/20140325/286406.shtml.

[46] 周健．东航货运转型后首年扭亏为盈［N/OL］．上海商报，2015-03-10．http://news.hexun.com/2015-03-10/173940998.html.

实训软件提供商简介

深圳市中海资讯科技有限公司是中海物流旗下专业从事物流信息技术开发的全资子公司，1994 年初开始研发物流信息化平台（当时是中海物流的信息部），是国内最早从事物流信息化研究的企业之一，是省部级“双软”认证企业和深圳市“先进技术企业”。2001 年 3 月成立了深圳市中海资讯科技有限公司，注册资本 3 000 万元，很早就通过了德国 TUV 机构 ISO9001 认证。2002 年“中海 2000”被中国物流与采购联合会评为“全国物流信息化优秀案例”，2003 年“中海 2000”荣获中国物流与采购联合会“国家科技进步二等奖”，2007 年中海资讯荣获中国物流技术协会“中国优秀物流管理软件供应商”称号。2003 年，中海资讯以“中海 2000”系列软件为基础，研发成功中海 2000 物流教学软件及实验室软件。2004 年该软件被中国物流技术协会指定为“现代物流职业教育示范软件”，公司相关人员也被邀请参与国家物流职业教育教材的编写。RFID 技术、GPS/GIS、电子拣货、自动化控制等先进的物流技术，让学生能够在模拟的不同业务环境下，完成物流各环节操作，从而得到全方位的训练。

图书在版编目(CIP)数据

物流企业经营决策仿真实训教程/姜林主编.—成都:西南财经大学出版社,2017.5

ISBN 978-7-5504-2889-8

Ⅰ.①物… Ⅱ.①姜… Ⅲ.①物流企业—企业管理—教材
Ⅳ.①F253

中国版本图书馆CIP数据核字(2017)第055934号

物流企业经营决策仿真实训教程

姜林 主编

石全胜 张念 副主编

责任编辑:杨琳
责任校对:陈璐
封面设计:穆志坚
责任印制:封俊川

出版发行	西南财经大学出版社(四川省成都市光华村街55号)
网　　址	http://www.bookcj.com
电子邮件	bookcj@foxmail.com
邮政编码	610074
电　　话	028-87353785　87352368
照　　排	四川胜翔数码印务设计有限公司
印　　刷	郫县犀浦印刷厂
成品尺寸	185mm×260mm
印　　张	8
字　　数	150千字
版　　次	2017年5月第1版
印　　次	2017年5月第1次印刷
书　　号	ISBN 978-7-5504-2889-8
定　　价	22.00元